U0003471

南無本師釋迦牟尼佛

俱胝圓滿妙善所生身

成滿無邊眾生希願語

如實觀見無餘所知意

於是釋迦尊主稽首禮

至尊彌勒

至尊彌勒 偈讚

大慈火燒瞋恚薪

智慧光滅無明暗

紹法王位眾生怙

住兜率尊誠頂禮

歷世妙音笑大師

大慈恩譯經基金會館藏　張緋維、王成靜闔家迎請　陳施洋攝影

歷世妙音笑大師 祈請文

佛前佛子維摩詰

印度境內月稱等

此域遍智妙音笑

轉世相襲誠祈請

二世妙音笑大師

二世妙音笑大師 偈讚

雪域智哲咸攝受

住持深廣教授藏

法王成熟度具緣

無畏王足誠祈請

妙音笑八事七十義

造論／妙音笑・語王精進大師、妙音笑・寶無畏王大師

總監／真如　授義／如月格西

主譯／釋如法　主校／釋性忠

大慈恩・月光國際譯經院

དངོས་པོ་བརྒྱད་དོན་བདུན་ཅུའི་རྣམ་བཞག

《妙音笑八事七十義》譯場成員

承　辦╱大慈恩・月光國際譯經院・第四譯場（五大論前行系列）

總監：真　如

授義：如月格西

主譯：釋如法

主校：釋性忠

審義：釋性理、釋性浩、釋性湛、釋清宏

參異：釋性說

審閱：釋性喜、釋性覺、釋性炬

眾校：釋起儒、釋法涵、釋法怙、釋法祈、釋法續、釋法悅、
　　　釋法專、釋法轉、釋法濤、釋法琉、釋法體、釋法恭、
　　　釋法問、釋法解、釋法向、釋法繫、釋法晌、釋法熾、
　　　釋法撰、釋法證、釋聞昀、釋法耿、釋法梧、釋法供、
　　　釋法奉、釋聞耕、釋聞妙、釋聞泉

初稿：張賢順

行政：釋性由、釋性回、釋性勇、妙音佛學院（釋法增、
　　　釋法階、釋法現、釋法充、釋法舉、釋法栩、釋法基、
　　　釋法方）、丹增喀尊

檀越：陳拓維、陳姿穎、釋性潤、廖美惠闔家、大慈恩護持團
　　　隊闔家

五大論譯叢總序

　　佛典浩瀚深邃，其智慧與慈悲千百年來穿越歷史，凝眸當代。為生命者，無不希望除苦，無不希望得到快樂，而除苦引樂之方便，雖多如牛毛，細不可數，然立足於解決眾生因無明障蔽而產生的生死之痛，指出所有痛苦皆可除，所有快樂皆可得者，唯佛陀爾。

　　最徹底無餘地去除痛苦之法，所有的快樂皆能修成之法，即是三藏要義，為法寶。以佛為師，依其教法而修學，浩浩然千古不變，高僧大德輩出於世，燦如日月，美如星河，抒寫出人類對於幸福追求的頌歌，千經萬論，如金鼓鳴響史冊，法音流轉，三千驚歎，群蒙得潤。

　　佛陀為了利益一切有情而發菩提心，三大阿僧祇劫積聚資糧，終成正覺，其間四十九載宣說法要孜孜不倦。佛法弘傳至今兩千餘年，漫長歲月中，無量有情依仰著佛陀宣說的教法，而得到從人天善果到不可思議成就的種種饒益。因此寂天佛子說：「療苦唯一藥，眾樂出生處，聖教願恆住，受供養承事。」至尊法王宗喀巴大師也曾說過：「世尊事業中，語事為最勝。又復因於此，智者隨念佛。」佛陀的教法，實是欲解脫者唯一舟航，是

欲竭生死海者殷殷渴盼的無死甘露，是這個世上最為珍貴稀有的無價寶藏。

　　為導眾生，世尊示現十二事業，成道之後，由於所化機根性不同，宣說了八萬四千法蘊。而八萬四千法蘊又可以攝入三轉法輪之中。初轉法輪有《法輪經》等，以小乘行者為主要所化機，而宣說四諦等等的內涵；中轉法輪有《大般若經》等，以大乘中觀師為主要所化機，宣說諸法無相的內涵；後轉有《解深密經》等，以大乘唯識師為主要所化機，宣說了三無自性性等的內涵。世尊般涅槃之後，阿難、鄔波離、大迦葉尊者，分別結集世尊的語教經律論三藏，一代釋迦教法，於焉集成而傳於世。

　　三藏雖傳，然而後世學人，如何從浩瀚的佛語當中，抉擇出一條所有補特伽羅都必經的成就之路？佛陀所說的法要，如何化為行持的準則？佛法當中的猶如金剛鑽石般璀璨的核心見地——無我空見，其正確的闡述為何？如何闡述？次第為何？三藏當中所說的種種法相，其嚴密的定義為何？佛法當中種種的立宗，應當以怎樣的理路去研習、證成？後世歷代教法傳持者，雖隨著眾生的根機，分別形成了有部、經部的小乘論宗，及中觀、唯識的大乘論宗，然而無不遵循著這些重要的議題，深入地探討佛語而製疏造論。龍樹菩薩、聖天菩薩、馬鳴菩薩、清辨論師、佛護論

師、月稱論師、月官論師、獅子賢論師、觀音禁論師、寂天佛子、無著菩薩、世親菩薩、安慧論師、功德光論師、釋迦光論師、聖解脫軍、陳那菩薩、法稱論師、天王慧論師、釋迦慧論師等等，這些祖師們留與後人的論著，為我等學人開示佛語的密意，指示趣入三藏的光明坦途，為探索三藏要義者前路的燈塔、頭頂的星辰。因此諸大論師們被譽為開大車軌師，或持大車軌師、贍洲莊嚴，成為難以數計的學人隨學的光輝典範。

當印度的正法如日中天之時，遠在漢地的高僧，為了探尋佛法的真義，而前往西域者，不知凡幾。如五世紀初的法顯大師、法勇大師，七世紀的玄奘大師、義淨大師等，或走陸路，翻越雪山臥冰而寢，攀爬數日無處立足的峭壁，不顧生命，勇悍穿行千里無人的沙漠。或走海路，相約同志數十人共行，臨將登船，餘人皆退，唯己一人奮勵孤行。古來的求法高僧，以寧向西行一步死，不向東土半步生的毅志，終將三藏傳譯漢土。而藏地自七世紀以來數百年間，諸如吞彌桑布札、惹譯師、瑪爾巴譯師、寶賢譯師、善慧譯師，也都是冒著熱病瘴毒，將生死置之度外，前往印度求法。於是才將三藏經續及諸大論師的論著，大量傳譯至藏地。由於先輩譯師們追求正法的偉大行誼，佛陀的教法，才能廣佈於遙遠的國度，而形成如今的北傳、藏傳佛教。

時遷物移，印度佛法至十二世紀令人痛心地消失殆盡。如今，保留著最完整的印度祖師佛法論著的語系，已不是印度本土的梵文，也不是巴利語系，而是藏語。藏族譯師，經過近千年的努力，譯出的印度祖師論著多達三千多部，約二百函。不計禮讚部及怛特羅部，也有近七百部。藏族譯師，不僅譯出了大量的印度祖師論著，諸大教派各成體系，對於這些論藏做了深入地研習。其中顯教法相的部分，以噶當、薩迦二派諸師為主要傳持者。至十四世紀，宗喀巴大師降世，廣學經論注疏，結集各派之長，為諸大論典作了詳明的註解，尤就其甚深難解之處，清晰闡釋，為學人奉為頂嚴。其高足賈曹傑、克主傑、根敦主巴，也依著宗喀巴大師之說，而造論著述，為格魯派後學奉為準繩。宗喀巴大師創建甘丹寺祖庭之後，至第三代法台克主傑大師，始創建法相學院，漸漸在諸大論著之中，確立《釋量論》、《現觀莊嚴論》、《入中論》、《俱舍論》、《戒論》為主軸，從而含攝其餘眾論的學習體系。其後三大寺中各學派的論主──色拉杰尊巴、班禪福稱、袞千妙音笑等，又依宗喀巴大師父子的著作，再造五部大論的著釋，而形成三大學派。至五世勝王時期，成立正式的五部大論格魯大考的哈朗巴格西考核制度，五部大論的研習制度，從此完備，延續興盛了數百年，並且擴及四川、青海、甘

肅、雲南、拉達克、內蒙、外蒙等區域。涵蓋了這麼廣大的地區，經歷了這麼多的世代，五部大論的修學體系，令人驚歎地成為這世界上最為完備的佛法修學體系。

五部大論中，以《釋量論》作為首先學習的內容。法稱論師所造的《釋量論》對於因明之學做了詳盡的闡述。《藍色手冊》中，就記載有「成辦一切士夫義利的前行就是量論」的說法。學人先學習《釋量論》的內容，訓練自己的理路，如造一艘大船，可乘之航行無邊大海。一旦熟練地掌握理路論式，以及各種法相，即可運用這些辨析的方式貫穿整個五大論的學習。因此，《釋量論》成為五部大論中第一部學習的論典。由於《釋量論》的內容極為艱難，藏地的祖師們慈悲開出了《攝類學》、《因類學》、《心類學》三科，作為《釋量論》的前行課程，以幫助後學進入精彩的思辨聖殿，以窺真理之光。進而廣展雙翼飛越難點高峰，而遊於甚深理之虛空。

五部大論中的第二部《現觀莊嚴論》，為五部大論中的主體核心論典。《現觀莊嚴論》為至尊彌勒所造，闡述經中之王《般若經》，是學習般若的快捷方便。《現觀》透過三智、四加行、果位法身等八事，來開闡《般若經》中所隱含的三乘行者修行的完整次第。在正規的學程中，必須經過六到八年的時間來研習本

論。並且在前行課程中，學習七十義、地道、宗義，過程中學習附帶的專科《二十僧》、《辨了不了義善說藏論》、《十二緣起》、《禪定》。至此，學人猶如入海取寶，琳瑯滿目，美不勝收，心船滿載智慧寶藏。

五部大論中的第三部《入中論》，為應成派的月稱菩薩闡述中觀空見的論典，專門闡述龍樹菩薩解釋《般若》顯義空性的《中論》，為五部大論中，探討大乘空見最主要的論典。猶如皓月當空，朗照乾坤，為諸多探討空性者，指示正道，令離疑惑及怖畏，萬古深恩，令人銘感五內。《中觀》常與《現觀》合稱，被並列為五部大論中最為重要的兩部，交相映輝，光灑三千。

五部大論中的第四部論著《俱舍論》，為世親菩薩所造的小乘對法論著。此論對於佛法中的種種法相，做了全面性的歸納及細緻探討。猶如收藏百寶之室，若能登堂入內，大可一覽天上天下眾多珍奇。

五部大論中的最後一部《戒論》，為功德光論師對《根本說一切有部毗奈耶》的攝要，詮說共乘別解脫戒的內涵。皎潔戒光，通透論典，令人一閱，遍體遍心清涼，實為濁世不可多得的解脫妙藥。

諸多教授五部大論的師長都曾傳授這樣的教授：五部大論以

詮說總體修行次第的《現觀》為主體，以《釋量論》作為學習《現觀》的理路，以《中觀》作為《現觀》中空見的深入探討，以《俱舍》作為《現觀》的細分解說，以《戒論》作為《現觀》的行持。學習《釋量論》重在論辯；學習《現觀》重在廣泛閱讀，架構整體佛法次第綱要；學習《中觀》重在體悟空性正見；學習《俱舍》重在計數法相；學習《戒論》重在持守律儀。至尊上師哈爾瓦・嘉木樣洛周仁波切，在《法尊法師全集序》中，也以五部大論如何含攝經律論三藏要義、大小二乘要義、三轉法輪要義、四部宗義要義、二勝六莊嚴論著要義五個角度，闡述格魯派學制為何以五大論作為顯乘修學的主體內容。從這些內容當中，我們可以認識到，五部大論對於令學人掌握整體佛法修學，有著怎樣的超勝之處。

漢藏兩地，各經近千年的佛經翻譯歷史，二者璀璨的成就，可謂相得益彰。漢地的《大毗婆沙論》、《大智度論》、《四阿含經》，為藏地所缺。而漢地則在五部大論的翻譯以及闡述方面，未如藏地完備。如《現觀莊嚴論》，在法尊法師之前，漢土幾不聞此論。因明部分，漢地先前只有《因明正理門論》等少數論著，至於《集量論》、《釋量論》、《定量論》等，也是到了法尊法師時才譯出的。《中論》雖早有漢譯，且有《青目釋》、

《般若燈論》等印度釋論及本土三論宗的著述，然瑜伽行自續派及中觀應成派的論典，猶多付之闕如。《俱舍》一科的論著，漢地較為完備，然印度釋論如《王子疏》、《滿增疏》，藏地論著如《欽俱舍釋》等，於漢土亦不無補益。律論方面，由於漢藏兩系所傳系統不同，因此藏地所依的一切有部律，漢地除了有義淨大師譯的《根本說一切有部毗奈耶》之外，並沒有一切有部律的論著。這方面，藏系中的印藏論著，同樣可以完善漢系中的空缺。

五部大論相關的藏譯印度論著，合計起來，至少有一二百部。這些印度論著傳入藏地之後，歷代藏地祖師為之注釋，其論典更是在千部之上，其中不乏有眾多數十萬字的巨製大論。蒙族在五部大論的學修方面，與藏族難分上下，而蒙族對於五部大論著有注釋的論著，也都以藏文形式保存著。總合藏文五部大論體系論著的數量，幾乎與漢地現有的《大正藏》相等。如此巨大而珍貴的寶藏，數百年來就非常活躍地流傳於藏地，卻不為比鄰的漢人所知。直到近代，法尊法師譯出數部重要的論著，如《釋量論》、《集量論》、《現觀莊嚴論》、《辨了不了義善說藏論》、《入中論》、《入中論善顯密意疏》、《入中論善顯密意鏡》、《阿毗達磨俱舍釋開顯解脫道論》等，漢土的有情方有機

緣得以見聞此諸教典。法尊法師為藏譯漢的譯師先驅，引領著我們。

　　恩師^上日^下常老和尚，經過多年親身的修學歷程，深刻地體悟到，學習佛法，絕不可逾越聞思修三者的次第。而要修學圓滿的佛法，必須在最初階段，對教典進行完整的聞思。因此恩師對廣大的信眾學員，致力弘揚《菩提道次第廣論》，對於內部的僧團，更是從一九九四年起，開始招收沙彌，延請師資，教令學習古文、藏文，作為未來學習五部大論、翻譯經典的準備。二零零四年恩師示寂至今，福智僧團的學僧們，依舊秉持著恩師的遺願，十餘年如一日，艱辛地完成五部大論的學程。並且在寺院中，開設了十多個藏文五部大論的學習班級，近期也開始翻譯，以中文的方式教授五部大論。雖然，如今我們開始起步所翻譯的教典，只是滄海一粟，但卻也是宏偉譯經事業的巨輪莊嚴啟動。譯師們滴滴心血凝聚譯稿，寒暑往來，雖為一句經文，皓首窮經亦無憾。在此祈請上師三寶加持，龍天護祐，相信藉由祖師佛菩薩的願力、僧眾們的勇猛精勤力，這些廣大的教典，能成為漢地有緣眾生的豐盛法宴！以濟生死貧窮，以截人法二執苦根，三界火宅化為清涼無死佛國，是吾等所盼！

2017 年 10 月 15 日 真如於加拿大敬書

編輯凡例

一、本書之藏文原本，分別依據《一世妙音笑大師文集》及《二世妙音笑大師文集》譯出，並參校異本，擇善而從。參校所依之版本，請參見「校勘體例說明」。

二、本書所譯法相名詞，主要依據玄奘大師與法尊法師之翻譯用詞，及其他漢傳古譯法相詞彙。漢傳法相所無者，則依藏文直譯。

三、文中所附注釋，說明引文出處、人物生平、法相名詞及難解義理。以上標數字於該文句後標示序號，注釋內容以隨文註呈現。

四、文中所附校勘，為參校不同藏文版本之出校結果，使讀者即使未諳藏文，亦能讀到不同版本的差異處。以中括號數字於該文句後標示序號，校勘內容統一附於書末校勘表中。

五、文中章節編號、章節標題、上標科判數字、上下引號、括號等標點，以及括號內文字為原文所無，係翻譯過程中加入，旨在幫助讀者易於分辨、理解正文。

六、本書雖經反覆審校，然詞義舛誤，掛一漏萬之處在所難免，懇祈博雅碩學、十方大德不吝斧正是幸！

校勘體例說明

一、本書所依據之版本

(一)《八事七十義建立 · 善說不敗尊上師言教》

1. （底本）一世妙音笑大師文集本（簡稱果芒本）：
《一世妙音笑大師文集》第 16 函，印度果芒僧院圖書館，2015 年。

2. 拉卜楞寺長函本（簡稱拉寺本）：《一世妙音笑大師文集》第 16 函，拉卜楞寺木刻版長函，1997 年。

3. 塔爾寺長函本（簡稱塔爾本）：塔爾寺木刻版長函，中國青海：塔爾寺，年份不詳。

(二)《略攝八事七十義建立》

1. （底本）二世妙音笑大師文集本（簡稱果芒本）：
《二世妙音笑大師文集》第 6 函，印度果芒僧院圖書館，2019 年。

2. 拉卜楞寺長函本（簡稱拉寺本）：《二世妙音笑大師文集》第 6 函，拉卜楞寺木刻版長函，1999 年。

3. 菩提葉叢書合刊本（簡稱甘肅本）：《佛學地道論》，甘肅民族出版社，2001 年。

（三）《真實詮說三智一百七十三行相之自性・善說白蓮蔓》

1. （底本）二世妙音笑大師文集本（簡稱果芒本）：
   《二世妙音笑大師文集》第6函，印度果芒僧院圖書館，2019年。

2. 拉卜楞寺長函本（簡稱拉寺本）：《二世妙音笑大師文集》第6函，拉卜楞寺木刻版長函，1999年。

3. 菩提葉叢書合刊本（簡稱甘肅本）：《佛學地道論》，甘肅民族出版社，2001年。

二、校勘原則

1. 凡漢文無法顯示版本歧異者，概不出校。

2. 各本僅出校異於底本者。

3. 底本於義理有誤者，依他本修正。

   例：**彼依自法住**　果芒本原作「次依自法住」（དེ་ནས་ཉིད་ཀྱི་ཆོས་བརྟེན་ནས་），塔爾本作「彼依自法住」（དེ་ནི་ཉིད་ཀྱི་ཆོས་བརྟེན་ནས་），按上下文義推斷，應以塔爾本為是，故改之。

4. 他本異於底本，且於義理明顯有誤者，則出校說明。

例：**加行道、義現觀** 拉寺本作「加行道自利現觀」（སྦྱོར་ལམ་རང་དོན་མངོན་རྟོགས），按上下文義推斷，應誤。

5. 他本異文較於底本為善者，則依他本修正。

例：**用少許的詞句** 果芒本原作「少許地用詞句」（ཅུང་ཟད་ཚིག་གིས），塔爾本作「用少許的詞句」（ཅུང་ཟད་འི་ཚིག་གིས），文義較通順，故改之。

6. 他本有異於底本，然義理無誤，無優劣對錯者，則出校說明。

例：**可分為八種** 塔爾本作「分為八種」（དབྱེ་ན་བརྒྱད་དེ）。

7. 底本原無者，依他本補入。

例：**共有** 果芒本原無，今依塔爾本補入。

妙音笑八事七十義

目錄

八事七十義建立等三書合刊譯序

佛陀成道之後，明了救度眾生解脫生死輪迴的唯一方法，即是證達空性無我的智慧，然而性空之理至極甚深，與凡夫無明的認知完全相背，於是曾經四十九日沉默不語，甚至念道：「若我住世，於事無益，不如遷逝無餘涅槃。」經大梵天數數勸請，佛陀方始轉四諦法輪。

佛陀雖然宣說四諦而轉初轉法輪，然而對於最為甚深的空性正見，卻仍未廣為開演，成道後的第二年，才在靈鷲山宣說《大般若經》，廣說一切諸法皆無自性，諸天讚歎，稱此為第二轉法輪。佛陀雖於《般若經》宣說一切諸法無自性的道理，但仍有諸多所化機無法理解信受，因此於第三時期，又因諸菩薩的請問宣說了《解深密經》，以依他起生無自性性、遍計執相無自性性、圓成實勝義無自性性三義，解釋《般若經》中所說的一切法無自性義，將《解深密經》立為究竟了義，而《般若經》中說一切法皆無自性為不了義說。由此開啟第三轉法輪。三轉法輪中，初轉四諦法輪對於空性義僅僅粗淺提及，二轉無性法輪徹底破除諸法自性，三轉善辨法輪則言，先前說一切法都無自性，是針對不同的法以不同的角度而說的，非一切法都無自性。由於眾生的根

機，無法立即接受真正的空性之理，因此佛陀最初不說，其次言不盡意，隨後方才和盤托出，最終又隱其本意，權作方便之說。

三轉法輪，對於最究竟的空性義，闡述的方式實有差異。後世唯識師依著《解深密經》的說法，解釋《大般若經》的無自性義為三無自性性，而非真正一切法無自性；中觀師則依《無盡慧經》，如《大般若經》字面所說，承許一切法無諦實，甚至一切法無自性，由此成為大乘的二種宗義。二宗雖然對於《大般若經》一切法皆無自性的解釋方式，立場相反，但是二宗都是以《大般若經》作為開示空性的經典中，最為重要的經典。即使唯識師說《般若經》為不了義經，但卻也認為利根的唯識師才是《般若經》真正的所化機，謂佛說《般若經》時，雖然字面上說無自性，但這是因為正所化機為利根的唯識師，因此略過了三相的差別，未作詳述，利根的唯識師所化能在聽聞《般若經》的當下，就了解到佛陀的本意。因此，所有大乘宗師，都一致承許：佛所說的一切八萬四千法蘊當中，最上、超勝、主要、殊妙者，即是《般若波羅蜜多經》。因此，無論是中觀還是唯識，祖師們皆主要依著《般若經》決擇佛陀所說的解脫道。

佛曾授記，於其滅度之後，將有龍樹、無著二大論師釋其密意。龍樹、無著二師，因不依其餘世人的解釋而開解總體佛語，

尤其是解釋《般若經》所說的空義，分辨了不了義，因而建立中觀、唯識宗，而成開大車軌師。《般若經》中廣說一切諸法皆空，此空的空義應如何解，是龍樹、無著二師對《般若經》主要的闡述重點。然而《般若經》的內容，不僅僅是字面上明確說到的顯義空性而已，在浩瀚的經文中，也隱藏著修習佛道的次第。《般若經》所說的修道次第，又被稱為《般若經》的隱義現觀次第。就如同汪洋大海，表面看去同樣平齊，湛藍同色，但是海底之中的地貌高低起伏，常人之眼無法觀知。航行海中，如果沒有水文海籍圖的引導，難以安穩抵達目的地。而《現觀莊嚴論》，正如修道過程中的海籍圖，其中開示：各個位階的行者同樣是以空性作為所修，但在不同的修道過程中，應當結合何等方便，側重何等所緣行相，方令行者能順易穿越諸障，得度彼岸。

如妙音笑大師讚云：「念般若難修行十二年，將不敗尊語教恆河流，從天界處遍傳於人間，如是無著兄弟眾生眼。」無著論師研讀般若經時，曾經疑惑不解，為何《般若經》中一再地重複類似的詞句，佛語必然沒有重複之過，但是論師仍然不解其重複的意義為何。為解此疑，欲親謁彌勒菩薩，專修十又二年，最終因一念增上悲愍之心，淨化業障而親見至尊彌勒，上昇兜率天，聽聞至尊彌勒開闡《般若經》隱義現觀次第的《現觀莊嚴論》，

並將此法帶回人間。從此《般若經》中的隱義現觀次第弘傳人間，而至尊彌勒，也因自力闡述《般若經》的隱義現觀次第，而成為第三位開大車軌師。

從《現觀》注釋《般若經》的角度便可得知，《般若經》在反覆決擇空性義時，也隱含地開示了修道的次第。《現觀》以三智、四加行、一法身果位這八個大綱隨順經文次第而完整統攝《般若經》的文義。三智又開出三十義，四加行又開出三十六義，法身開出四義，共為七十義，以此七十義作為科目，也能隨順經文次第而完整統攝《般若經》的文義。八事七十義既是整部《現觀》的略義，同時也是其闡述《般若經》隱義的架構。而這八事七十義的法數，就是源自於《現觀》中第四偈至第十八偈〈略義〉段落的頌文。

在八事之中，三智是對於整體修道的闡述。

一切相智為剎那現證如所有、盡所有之智，唯佛獨有，佛由證得此智而圓滿其轉法輪利生等事業。《現觀莊嚴論》之首章〈一切相智品〉的內容含攝《大般若經第二會》卷二〈歡喜品〉至卷二十四〈遠離品〉。

道相智為證達三道無諦實的智慧所攝持的大乘聖者的現觀，唯有佛及菩薩聖者所有，而菩薩則由證達此智而圓滿其饒益三乘

所化的心願。第二品〈道相智品〉含攝《大般若經第二會》卷二十五〈帝釋品〉至卷三十六〈清淨品〉。

　　基智或一切智主要為小乘證類的聖者相續之智，佛、菩薩、小乘聖者皆有此智，而聲聞獨覺則由證得此智圓滿其解脫的心願。第三品〈一切智品〉含攝《大般若經第二會》卷三十六〈無幟品〉。

　　佛、菩薩、獨覺、聲聞四種聖者，從三智而生，故此三智般若為諸聖者母。一位行者要圓滿佛道，必需修得此三智，因此對於三智要完整了知，於是《般若經》中先說三智及表徵三智的三十義，旨在令所化機由聞思而了知所當修習的三智內涵。

　　三智之後的四加行，則是實修三智的修持。四加行中有兩組因果：「圓滿證一切相加行」與「頂加行」為一重因果，**此重因果主要開示如何對於修持獲得自主**；「漸次加行」與「剎那加行」為一重因果，**此重因果主要開示如何對於修持獲得堅固**。

　　圓滿證一切相加行，是指當所化已經聞思了知三智的內涵之後，為了對於修持獲得自主，因而將三智的一百七十三種行相，總攝起來於一座中而作修持，並且成為止觀雙運加行的對境。第四品〈圓滿證一切相現觀品〉含攝《大般若經第二會》卷三十七〈不可得品〉至卷五十二〈習近品〉。

經過圓滿證一切相加行之後，會獲得超越資糧道的加行道，並獲得對於修持得到自在的頂加行。第五品〈頂現觀品〉含攝《大般若經第二會》卷五十三〈增上慢品〉至卷六十五〈遍學品〉。

而除了**總攝一切行相而修持的方式之外，漸次加行則是對於三智的行相依次修持**的加行，以此能令修持更加堅固。第六品〈漸次現觀品〉含攝《大般若經第二會》卷六十五〈漸次品〉。

依著漸次加行，當會獲得修持堅固的剎那加行，能一剎那證達諸法，是菩薩位最高的修持，於下一剎那便當獲得佛果。第七品〈剎那現觀品〉含攝《大般若經第二會》卷六十五〈無相品〉至卷六十八〈無雜品〉。

四加行後，即是法身。第八品〈法身品〉開示經由四加行後所當獲得佛位種種功德。此品含攝《大般若經第二會》卷六十八〈眾德品〉至卷七十八〈空性品〉。《般若經》中，〈序品〉、〈常啼菩薩品〉、〈法湧菩薩品〉、〈結勸品〉，因文義易解，《現觀莊嚴論》未直接總攝其經文。

總結而言，整部《般若經》先說三智，令所化機透過聽聞了知所修境；次說四加行，開顯修持的方式；最後宣說果位法身功德，令知修持的成果，而生歡喜希求。八品開示的八種現觀，並

非一條直線的次第，其前六品，每一品都從各自的角度闡述加行道、見道、修道的所緣行相以及修持過程。因此，整部《般若經》與《現觀》一共宣說了六輪加行道至修道的現觀次第，讓學人清楚地了解，在各個階段中，如何融合方便及智慧分而作為修持的所緣行相，避免歧途，正趣勝道。

自從無著菩薩將現觀的教授帶回人間之後，以隱義現觀次第的角度解釋《般若經》的論述逐漸興起。尤其是如何將《現觀莊嚴論》與《般若經》結合而作解釋的方式，在般若學中成為另一主流的顯學。

《現觀莊嚴論》雖然以八事七十義含攝了《般若經》的文義，但是具體如何含攝，則誠仗賴印度諸論師開闡而得彰顯。欲詳知諸會《般若經》如何與《現觀》結合，必需對照印度論師的解釋方能掌握。諸師之中，首位將《般若經》的經文與《現觀莊嚴論》結合而作解釋的大德，為世親論師四位高足中，般若學勝出世親的聖解脫軍。聖解脫軍為瑜伽行自續中觀派的大德，著《二萬頌光明論》，清晰地將《般若二萬頌》的經文，依序結合《現觀莊嚴論》。其後獅子賢出世，著《八千頌莊嚴光明論》結合《八千頌》、著《八品論》結合《二萬頌》、著《般若攝頌釋難・易解論》結合《般若攝頌》，又著《顯明義釋》未結合《般

若經》而直解《現觀莊嚴論》。印度《現觀》注家尚有：大德解脫軍、佛吉祥、牙軍、寶稱論師、慧覺論師、寂靜論師、金洲大師、阿底峽尊者、彌帝論師、無畏論師、喀什米爾法吉祥、慧源論師等等。注家所結合的經文，除了上述的《二萬頌》與《八千頌》之外，還有結合《十萬頌》、《一萬五千頌》以及結合《般若攝頌》的。以上諸論，合稱二十一部印度論典。

諸注家中，以聖解脫軍及獅子賢阿闍黎二師眾所共尊為《現觀》注家之首，合稱「聖、獅」。如妙音笑大師讚云：「**聖地釋般若中如山王，善巧講說栴檀馨香薰，妙說叢林能悅眾生意，聖師獅賢美譽超有頂。**」其中獅子賢論師集眾家之長，明晰而簡要地注釋為諸師所推崇。尤其《顯明義釋》更為藏地祖師所重。舉凡覺慧大譯師、阿菩提智、薄伽梵理劍、布敦大師、年本巴、仁達瓦大師、宗喀巴大師、賈曹傑大師、克主傑大師等注釋《現觀》的大家，無一不是依著獅子賢的《顯明義釋》而作注釋，並且在註釋《現觀》的同時，也將《顯明義釋》全文逐句解釋。

除了《顯明義釋》因精要的注釋而為各家所重之外，藏地祖師更著作了許多八事七十義的論著，作為學習《現觀》大義的教本。由於八事七十義只是整部《現觀》闡述的主題、綱要，因此八事七十義的論著，一般而言並不會像《顯明義釋》這樣的注

釋，對於《現觀》原文做完整的解說。然而這類論著對於八事七十義的性相、支分、界限等都有非常精確的解釋，這些精確的註釋，大多是從印度論釋的註釋中，經過多番參照辨證而定立下來的結果，直接閱讀印度論著，依自慧力難以精準通曉其性相及界限。因此，八事七十義的論著，也被視為另一略義形式的《現觀》註解，而在傳統的五大論學程之中，將會以地道、宗義、七十義三種論著，作為正式學習《現觀》之前的前行教材，藏文當中也習慣稱之為「宗七地三書」。

由於《現觀》的內容極為博大，反覆地用不同角度解說地道的修持過程，而其重要的印度注家，又都是瑜伽行自續中觀師，此派屬於兼容各派之說，因此在學習《現觀》之前，沒有地道、宗義的基礎，基本不可能了解《現觀》及其注疏的內涵。而有了地道與宗義的基礎之後，在進入如海洋般的《現觀》之前，最好能先掌握住八事七十義的內容，才不易迷失於浩瀚的文義而不知所向。因此在正式學習現觀之前，依著傳承的聞思次第，先扎實地學好地道、宗義、八事七十義三論，至關重要。

除了承先，八事七十義也有啟後的作用。進入現觀的學習時，可以將八事七十義結合《顯明義釋》等簡要釋文的論著，另外再結合獅子賢論師的《般若二萬頌八品論》、《般若八千頌莊

嚴光明釋》等，闡釋《現觀》如何與《般若經》經文結合的論著，將《般若經》與《現觀》參照對讀，如此則對於《般若經》與《現觀》便能有總括、精要而又具體的認識。

如過去太虛大師於《現觀莊嚴論略釋序》中，說其初讀《現觀》，了解到其中八事七十義及其支分之後，感「玄旨稠疊嘆未曾有」。其後對讀大般若經一會二會三會，又感「燦焉秩焉皆經文固有之義層也，然直閱般若經者，易以繁複生厭。」相對於《大智度論》的解釋，「以辯法無不盡，雖汪洋恣肆哉，亦曾莫得其統緒」，最終不由不讚歎「自非補處深智，安能以三智境四加行一法身果次第綸貫經義，若綱之在綱，有條而不紊耶！」此番心得，著實道出學習《般若》及《現觀》學人的心聲。同時也道出學習《現觀》的途徑，先以八事七十義了解綱要，再讀略釋，次結合《般若經》對讀。若能有此基礎，再讀《金鬘論》、《心要莊嚴論》等總義，以及各家辨析教本，深入了解所有義理的廣釋與剖析，則直如錦上添花矣。

尊師上日下常老和尚，及上真下如上師，素懷大願，欲興圓滿正法，以空性良藥救拔眾生，近三十年，大倡讀誦《般若經》，並於漢地建立五大論學制，以期此土眾生能如法如理了知般若內義，真實入解脫道。數萬具信弟子依師教誡，雖未能解《般若

經》義，然於師尊、教法深懷信心，多年諷誦，積累資糧，策發希求，而今學程至於八事七十義，有緣依《現觀》之理，悟入般若。同年又值^上真^下如上師開講《廣論·毗鉢舍那》，宣說應成中觀正見，是則《般若經》的隱義現觀與顯義空性之理，俱得弘傳。顧思來時，睹今盛會，望見教法將興之相，念上師無盡深恩，不勝感喟。及此一世妙音笑大師與二世妙音笑大師二部《八事七十義建立》付梓因緣，略述《般若》、《現觀》法脈源流及此論特法，愧為譯序。

2023 年 12 月 6 日　釋如法序於愛島傳燈寺

八事七十義建立・
善說不敗尊上師言教

༄༅། །དངོས་པོ་བརྒྱད་དོན་བདུན་ཅུའི་རྣམ་བཞག

ལེགས་པར་བཤད་པ་མི་ཕམ་བླ་མའི་ཞལ་ལུང་

ཞེས་བྱ་བ་བཞུགས་སོ།།

妙音笑・語王精進大師 造

南無姑汝曼殊廓喀雅梭惹梭大耶雜[1]

（敬禮上師妙音與妙音天女）

日親宣說如日的佛母

釋其密意的紹勝[1]慈氏的語教八事七十義

為了對此善為分辨假立與真實

敬禮上師以及本尊的足下

就如聖解脫軍[2]與獅子賢[3]二論師親臨宣說一般

1　**南無姑汝曼殊廓喀雅梭惹梭大耶雜**　此句為梵語音譯，「南無」為致敬或頂禮之意；「姑汝」或譯作「古魯」，即「上師」、「尊重」等師長的梵語稱呼。「曼殊廓喀」即妙音的梵語稱呼，即指文殊菩薩；「雅」是虛字「所為格」，表方向、目的之語尾助詞；「梭惹梭大耶」指妙音天女；「雜」為也、以及之意。此句意為「敬禮文殊上師及妙音天女」。

2　**聖解脫軍**　世親論師座下超勝於己的四大弟子之一（約公元6、7世紀），梵語Āryavimuktisenā及藏語འཕགས་པ་རྣམ་གྲོལ་སྡེ義譯。生於中印度，年幼出家，精研三藏，特別精通《般若》，能將《現觀莊嚴論》教義匯歸於全圓道次而作修行，由此現證法性，得獲聖道，故尊稱聖解脫軍。曾親見至尊彌勒，獲得開許註釋《現觀莊嚴論》，遂將《般若二萬五千頌》與《現觀莊嚴論》八品一一結合，完成第一部《般若經》結合《現觀莊嚴論》之教典——《般若二萬五千頌光明論》。聽受《般若》的弟子數以千計。參見《菩提道次第師師相承傳》冊上，頁103（雲增·耶喜絳稱大師著，郭和卿居士譯，台北：福智之聲出版社，2004）；《道次第上師傳承傳》，頁87（永津·耶謝堅參著，台北：佛陀教育基金會，2006。以下中藏版皆簡稱《師師相承傳》）。

3　**獅子賢**　瑜伽行中觀自續派祖師（約公元8世紀），梵語Haribhadra及藏語སེང་གེ་བཟང་པོ

我將用少許的詞句[2]　在此清晰解說般若深義

請明慧者以此為頸嚴　而追隨嚴飾聖教的六莊嚴師[4]

義譯。生於王族，其母遭獅子攻擊而歿，然此師在胎中倖存，因而得名獅子賢。師從靜命阿闍黎，精研至尊彌勒所傳《般若》教授，同時研究深見、廣行二派之傳承教授，又研習菩提道次第教授，最終對於三乘圓滿道體生起殊妙證悟。得至尊彌勒於夢中指示著述現觀之注釋。接受國王達摩波羅（Dharmapāla）為造論施主，而造《顯明義釋》；結合經論而著《八千頌廣釋》；依聖解脫軍所著《般若二萬五千頌光明論》，將《般若二萬五千頌》經文對應《現觀》要義，而造《八品論》；並造《攝功德寶易解論》等論典。所著述《顯明義釋》被讚為修習菩提道次第者共同遵行之「般若法眼」。參見《師師相承傳》中文冊上，頁121；藏文頁100。

4　**嚴飾聖教的六莊嚴師**　指龍樹、聖天、無著、世親、陳那、法稱論師；此六師猶如日輪般光顯佛教，故稱為莊嚴。龍樹菩薩（ཀླུ་སྒྲུབ，約公元前2世紀或公元3世紀）為中觀宗開派祖師，是世尊授記將於佛涅槃後住持佛教六百年的大菩薩。聖天菩薩（འཕགས་པ་ལྷ，約公元前2世紀或公元3世紀）為龍樹菩薩心子，與龍樹菩薩合稱為龍樹父子。無著菩薩（ཐོགས་མེད，約4或5世紀）為唯識宗開大車軌的祖師。閉關勤修十二年而親見彌勒，從彌勒聽聞《慈氏五論》等大乘教法。著作《阿毗達磨集論》與《攝大乘論》等論，復興大乘佛教。佛陀授記此師能通達經典的內義，分辨了義與不了義。世親菩薩（དབྱིག་གཉེན，約5世紀）為唯識宗祖師，無著菩薩之弟與主要弟子。初為小乘學者，精通小乘教法，後從無著菩薩聽聞大乘教法，精勤宣講、注釋大乘經典。著有《唯識二十頌》、《唯識三十頌》、《俱舍論》等論。陳那論師（ཕྱོགས་གླང，約5、6世紀）義譯方象。為南印度的婆羅門種姓，精研聲聞宗義，又到世親菩薩前聽受大小乘眾多教法。修持文殊法門，能隨時面見本尊而聽法。以辯才擊敗無數外道，廣說三藏，大弘佛教。著有《集量論》及其《自釋》、《因明正理門論》等論，弟子有自在軍論師等。法稱論師（ཆོས་གྲགས，約7世紀）為陳那論師再傳弟子。生於印度南方，自幼聰穎，年少即通達所有外道宗義。後研讀少許佛經，遂見外道導師具有過失、論說非理，而對佛陀與正法生起信心。於是出家，精研三藏，並從自在軍論師聽聞三次《集量論》。於印度各地以辯論駁斥外道，弘揚佛法，又從大成就者種毗巴聽受勝樂灌頂及教授，一心修持，親見本尊而得成就。著有《釋量論》等七部量論。參見《貢德大辭典》冊1，頁418；《師師相承傳》中文冊上，頁84、91、100、144；藏文頁74、85、97、117；《印度佛教史》，頁

　　承彼，在此解說八事七十義，分為二科：一、解說八事；二、解說七十義。

　　第一科：論頌中說[5]：「般若波羅蜜」乃至「及法身為八」。

　　有八事，因為有一切相智、道相智、基智、圓滿相加行、頂加行、漸次加行、剎那加行與果位法身，共八種的緣故。

　　第一、一切相智，分為三科：一、性相；二、支分；三、界限。

　　第一科：於一剎那間無餘現證如所有、盡所有相的究竟智，這是一切相智的性相。

　　173（多羅那他著，張建木譯，四川：民族出版社，1988）；《多羅那他印度佛教，頁181（多羅那他著，印度：西藏文化出版社，2001。以下中藏版皆簡稱《印度佛教史》）。

5　**論頌中說**　引文出自《現觀莊嚴論》。《現觀莊嚴論》，般若部論典，全名《般若波羅蜜多教授現觀莊嚴論》，共8品，至尊彌勒著。至尊彌勒為繼釋尊後賢劫第五尊佛，梵語Maitreya音譯，又名慈尊、慈氏、紹勝尊、阿逸多（Ajita）等。漢譯本有今人法尊法師所譯《現觀莊嚴論》。此論主要闡述《般若經》的隱義現觀八事七十義的內涵，為藏傳顯教波羅蜜多學之根本論典。參見《菩提道次第廣論四家合註白話校註集》冊1，頁57、165（宗喀巴大師造論；巴梭法王等合註；法尊法師譯論；釋如法，釋如密等譯註，臺北市：福智文化，2016。以下簡稱《校註集》）。引文見《中華大藏經丹珠爾》對勘本冊49，頁4（中國藏學研究中心《大藏經》對勘局對勘，北京：中國藏學出版社，2001。以下簡稱《丹珠爾》對勘本）。

第二科：可分為證達如所有性的一切相智，與證達盡所有性的一切相智二種；現證發心等一切因果行相的一切相智，以及佛地的二十一類無漏智。

第三科、界限：只存在於佛地。

第二、道相智，分為三科： 一、性相；二、支分；三、界限。

第一科：現證三道無諦實的智慧所攝持的大乘聖者的現觀，這是道相智的性相。道相智與大乘聖者的現觀同義。

第二科：可分為了知聲聞道的道相智、了知獨覺道的道相智與了知大乘道的道相智三種，而這每一種當中都各有方便與智慧二種證類。

第三科、界限：存在於大乘見道到佛地之間。

第三、基智，分為三科： 一、性相；二、支分；三、界限。

第一科：現證一切事為補特伽羅無我，從這一分而安立的住小乘證類[6]的聖者相續之智，這是基智的性相。「從這一分而安立」含攝了小乘聖者相續中證達空性的基智。

---

6 **小乘證類** 意指為了成就小乘涅槃而必須修持之法類，如出離心、證達四諦十六行相之智慧等。

第二科：可分為於果般若遠近的基智二種。

第三科、界限：存在於聲聞見道到佛地之間。

第四、圓滿相加行，分為三科：一`**性相；**二`**支分；**三`**界限。**

第一科：修習三智行相的智慧所攝持的菩薩瑜伽，這是圓滿相加行的性相。

第二科：從體性等角度可分為二十種加行；從行相的角度可分為修持三智一百七十三種行相的一百七十三種菩薩瑜伽。菩薩瑜伽、道般若度、菩薩道、大乘正行與鎧甲正行等為同義異名。

第三科、界限：存在於大乘資糧道到續流後際之間。

第五、頂加行，分為三科：一`**性相；**二`**支分；**三`**界限。**

第一科：從緣空修所成慧所攝持的這一分而安立，對於修習三智行相獲得自在階段的菩薩瑜伽，這是頂加行的性相。必須了知「從這一分而安立」含攝了聞所成的菩薩加行道的道理。

第二科：支分總攝而言可分為加行道頂加行、見道頂加行、修道頂加行與無間頂加行四種；或煖位頂加行等四種加行道頂加行，見道、修道與無間頂加行三種，共七種。廣分則有一百七十三種。

第三科、界限：從大乘煖位加行道到續流後際之間。

第六、漸次加行，分為三科：一、**性相**；二、**支分**；三、**界限**。

第一科：為了對三智行相獲得堅固而依次修習，從這一分而安立的菩薩瑜伽，這是漸次加行的性相。

第二科：可分為十三種漸次加行。

第三科、界限：存在於大乘資糧道到續流後際之前。

第七、剎那加行，分為三科：一、**性相**；二、**支分**；三、**界限**。

第一科：漸次修習三智行相所生的菩薩究竟瑜伽，這是剎那加行的性相。

第二科：從反體的角度分為四種。

第三科、界限：只存在於續流後際。

第八、果位法身，分為三科：一、**性相**；二、**支分**；三、**界限**。

第一科：以修習三智行相的力量所獲得的究竟果的無漏功德，這是果位法身的性相。

第二科：可分為自性法身、智慧法身、報身與化身[3]四種。

第三科、界限：只存在於佛地。

第二科：解說七十義，分為三科：一、解說表徵三智的三十法；二、解說表徵四加行的三十六法；三、解說表徵法身的四法。

第一科分為三科：一、解說表徵一切相智的十法；二、解說表徵道相智的十一法；三、解說表徵基智的九法。

第一科：論頌中說[7]：「發心與教授」乃至「是佛遍相智」。

有表徵一切相智的十法，因為有大乘發心、教授、決擇支、大乘正行所依自性住種姓、大乘正行所緣、大乘正行所為、鎧甲正行、趣入正行、資糧正行與出生正行，共十種的緣故。

第一（發心）是以發心的性相、所緣、支分與界限四者來解說。論頌中說[8]：「發心為利他」乃至「分二十二種」。

發心分為四科：一、性相；二、所緣；三、支分；四、界限[9]。

第一科：由自因希求他利的欲求所引發，並且與其助伴——希欲菩提——相應的殊勝識[10]，這是大乘發心的性相。

---

7 **論頌中說** 引文出自《現觀莊嚴論》。見《丹珠爾》對勘本冊49，頁4。

8 **論頌中說** 引文出自《現觀莊嚴論》。見《丹珠爾》對勘本冊49，頁5。

9 **四、界限** 後文中未加以說明此科內容。

10 **殊勝識** 「識」指心王；「殊勝」的內涵，妙音笑大師在《現觀辨析》中解釋為道的主幹、種子等。參見《一世妙音笑大師文集》冊7，頁223。（一世妙音笑大師著，印度：哲蚌果芒圖書館，2015）

第二科：有其所緣，因為是緣著自利菩提與他利——他相續的涅槃二者[11]而發心的緣故。

第三科：從體性的角度可分為願行二心；從助伴的角度可分為二十二種。有如地發心，同樣地，如金發心、如月發心、如火發心、如藏發心、如寶源發心、如海發心、如金剛發心、如山發心、如藥發心、如友發心、如如意寶發心、如日發心、如歌音發心、如國王發心、如庫藏發心、如大路發心、如車乘發心、如泉水發心、如雅音發心、如河流發心與如雲發心，共二十二種。

從階段的角度[4]可分為四種，因為有勝解行發心、清淨增上意樂發心、成熟發心與斷障發心，共四種的緣故。

第二、教授：論頌中說[12]：「修行及諸諦」乃至「十教授體性」。

教授分為四科：一、**性相**；二、**支分**；三、**界限**；四、**聽聞軌理**。

第一科：無誤開示解脫道的清淨能詮，這是教授的性相。無誤開示能獲得大乘發心所希求事的方便的能詮，這是大乘教授的性相。

---

11 **涅槃二者** 此處指自利菩提及他相續的涅槃這二種。

12 **論頌中說** 引文出自《現觀莊嚴論》。見《丹珠爾》對勘本冊49，頁5。

第二科：從教授方式的角度可分為教授的教授與教誡的教授二種。

此處從所詮的角度可分為十種，因為就正行所緣的行相而言，有教授體性二諦與教授所緣境四諦二種[5]、教授所依三寶、教授正行勝進之因——不起耽著、教授大乘正行不退轉因——不起疲厭、教授正行不壞失之因——受持大乘道[6]、教授於大乘正行得自在轉之因五眼、教授速疾成辦果位之因六神通、教授能斷遍計所斷及其種子的見道，以及教授能斷俱生所斷種子的修道教授，共十種的緣故。

第三科、界限：存在於未入道到佛地之間。

第四科：未入道的業與顯現清淨者[13]也能聽聞到大乘教授；有說多劫[7]依止佛陀或善知識者堪成為聽聞的法器[8]。

解說第三、四種決擇支超勝小乘四種加行道的道理，論頌中說[14]：「所緣及行相」乃至「及以諸麟喻」。

---

13 **未入道的業與顯現清淨者** 此句意指業力清淨的未入道者與對境顯現為清淨的未入道者，前者能值遇殊勝教法，深入相應；後者能親歷殊勝境。

14 **論頌中說** 引文出自《現觀莊嚴論》。見《丹珠爾》對勘本冊49，頁6。

其中分為四科：一、加行道的性相；二、支分；三、界限；四、所緣行相等差別。

第一科：於自因順解脫分後出生的義現觀，這是加行道的性相。加行道、義現觀[9]、決擇支與順決擇分等為同義異名。其中有三乘的加行道，這三種[10]各別都有煖、頂、忍、世第一法四種。於自因大乘資糧道後出生的大乘義現觀，這是大乘加行道的性相。大乘加行道、大乘義現觀與大乘順決擇分等同義。

第二科：分為具足五種差別[15]的大乘煖、頂、忍、世第一法加行道四種，而這每一種又分下中[11]上三品，所以[12]共有十二種。

---

15 **具足五種差別** 五種差別，是指大乘加行道遠超小乘加行道之五種殊勝處：一、從所緣與行相而超勝，是指大乘加行道為菩提心所攝持，能從無量門緣取四諦十六行相。二、從因而超勝，是指在大乘資糧道時，以圓滿相現觀修持大乘圓滿道體，加行道時也如是修習，而成圓具三乘修證之因。三、從分別而超勝，是指大乘見斷的四種分別心，將在大乘加行道四個階段被依次壓伏現行。四、從遍持而超勝，是指加行道菩薩具有遮斷有寂二邊的內外遍持。外在遍持為開示佛法的善知識，內在遍持則是相續中遮止墮入有寂二邊的現觀。五、從下中上品支分而超勝，是指菩薩捨去自利、唯求利他，為了饒益所化，在煖位等各階段都經過百千大劫集聚資糧。小乘加行道則不具備上述種種特徵，大乘加行道由此而超勝小乘。參見《一世妙音笑大師文集》冊7，頁321、322、325、326、327、356。

第三科、界限：存在於獲得緣著三種無我其中一者的勝觀到即將獲得初地之間。

第四科：大乘加行道以六種差別超勝小乘加行道，因為從所緣、行相、作為因的方式、攝持、具足所斷分別的道理，以及下中上三品的支分這六者而勝出的緣故，這是因為論頌中說[16]：「所緣無常等」至「是順決擇分，下中上三品」乃至「應知為攝持」。

解說第四、大乘正行所依自性住種姓，論頌中說[17]：「通達有六法」乃至「所依名種姓[13]」。

種姓分為三科：一、性相；二、支分；三、界限。

第一科：既是法界[18]，而且如果淨化了則可轉為菩提，這是種姓的性相。既是法界，而且如果淨化了則可轉為菩提，又是作為大乘正行的所依處，這是大乘正行所依自性住種姓的性相。

第二科：種姓從聲音詮說類別的角度，有自性住種姓與隨增種姓二種。

---

16 **論頌中說** 引文出自《現觀莊嚴論》。見《丹珠爾》對勘本冊49，頁6。

17 **論頌中說** 引文出自《現觀莊嚴論》。見《丹珠爾》對勘本冊49，頁7。

18 **法界** 此處指心識之上的真如法性。

大乘正行所依自性住種姓從能依法的角度，可分為直接顯示的十三種；以及大乘資糧道所依自性住種姓等，因為有直接顯示的一～四、煖位加行道等四種，五、見道、六、修道二種，共有[14]六種證達六法所依的自性住種姓；七、能對治正行的所依自性住種姓、八、能斷正行所依自性住種姓、九、此等所斷窮盡的正解脫道所依自性住種姓、十、悲智所依自性住種姓、十一、不共聲聞弟子等的所依自性住種姓、十二、依次行利他的所依自性住種姓，以及十三、智無功用轉的所依自性住種姓，共十三種；還有資糧道所依自性住種姓的緣故[15]。

第三科、界限：總體而言是存在於大乘資糧道到續流後際之間；直接顯示的則是從煖位到續流後際之間。

解說第五、大乘正行所緣，論頌中說[19]：「所緣一切法」乃至「及佛不共法」。

大乘正行所緣，分為三科：一、性相；二、支分；三、有無界限。

第一科：大乘正行的所知，這是大乘正行所緣的性相。

---

19 **論頌中說** 引文出自《現觀莊嚴論》。見《丹珠爾》對勘本冊49，頁7。

第二科：可分為十一種，因為有善不善無記各一、世間異生的蘊體、出世間聖者相續中的無漏靜慮、有漏近取蘊、我見的對治念等無漏、不屬於三界的因所生的道諦、非因緣所為的滅諦、於三乘聖者相續中共有的共通靜慮功德，以及唯佛獨有的不共十力，共十一種的緣故。

第三科：由於大乘正行所緣遍於一切法，所以沒有界限。

解說第六、大乘正行所[16]為，論頌中說[20]「勝諸有情心」等一頌。

大乘正行所為，分為三科：一、**性相；**二、**支分；**三、**界限。**

第一科：菩薩趣入正行的究竟所得，這是大乘正行所為的性相。

第二科：其中可分為大心、大斷與大證三種。

第三科、界限：只存在於佛地[17]。

解說第七[18]、鎧甲[19]正行，論頌中說[21]：「由彼等別別」乃至「六六如經說」。

---

20 **論頌中說**　引文出自《現觀莊嚴論》。見《丹珠爾》對勘本冊49，頁7。

21 **論頌中說**　引文出自《現觀莊嚴論》。見《丹珠爾》對勘本冊49，頁7。

依著大乘發心，為了無上菩提而修行二利的所作[20]，這是大乘正行的性相。可分為鎧甲正行、趣入正行、資糧正行與出生正行四種。

第一科、鎧甲正行，分為三科：一`性相；二`支分；三`界限。

第一科：六度每一度中都完整含攝六度而修持的智慧所攝持的菩薩瑜伽，這是鎧甲正行的性相。其與菩薩道同義。

第二科：可分為從布施鎧甲正行到智慧鎧甲正行六種。如果廣分的話，一一鎧甲正行之中各有六種，共三十六種，因為從布施的布施鎧甲正行，到布施的智慧鎧甲正行共有六種，同樣地，其他鎧甲正行當中也具有[22]的緣故。

第三科、界限：存在於菩薩資糧道到續流後際之間。

解說第八、趣入正行，論頌中說[23]：「靜慮無色定」乃至「當知昇[21]大乘」。

趣入正行，分為三科：一`性相；二`支分；三`界限。

---

22 **其他鎧甲正行當中也具有**　即持戒鎧甲正行當中也具有從持戒的布施鎧甲正行，到持戒的智慧鎧甲正行，共六種。依此類推，忍辱、精進、靜慮、智慧鎧甲正行亦各具六種。

23 **論頌中說**　引文出自《現觀莊嚴論》。見《丹珠爾》對勘本冊49，頁7。

第一科：透過以修所成為主而隨應趣入大乘因果的所作，這是趣入正行的性相。

第二科[22]：可分為九種，因為有趣入菩薩的靜慮無色的趣入正行、趣入六波羅蜜多的趣入正行、趣入聖道的趣入正行、趣入四無量的趣入正行、趣入具足不可得的趣入正行、趣入三輪清淨的趣入正行、趣入所為的趣入正行、趣入[23]神通的趣入正行與趣入一切相智的趣入正行，共九種的緣故。

第三科、界限：從勝解行[24]煖位加行道到續流後際之間。

解說第九、資糧正行，論頌中說24[25]：「悲及施等六」乃至「資糧行次第」。

資糧正行分為三科：一、性相；二、支分；三、界限。

第一科：屬於直接授與[26]自果大菩提類別的所作，這是資糧正行的性相。

第二科：可分為十七種，因為有大悲資糧、布施資糧、淨戒資糧、安忍資糧、精進資糧、靜慮資糧、智慧資糧、寂止資糧、勝觀資糧、止觀雙運資糧、善巧方便資糧、智資糧、福資糧、道

---

24 **論頌中說** 引文出自《現觀莊嚴論》。見《丹珠爾》對勘本冊49，頁7。

資糧、總持資糧、地資糧與對治資糧[27]的緣故。

第三科、界限：單純的資糧也存在於初業行地，但是直接所顯則存在於上品世第一法到續流後際之間，因為前十五者最低是存在於上品世第一法，而地與對治資糧二者則存在於十地中[28]的緣故。

開示第十、出生正行，論頌中說[25]：「所為及平等[29]」乃至「是出生正行」。

出生正行分為三科：一、性相；二、支分；三、界限。

第一科：無疑決定授與[30]一切相智的清淨地菩薩瑜伽，這是出生正行的性相。

第二科：可分為八種[31]，因為有為了三種所為義而出離、平等性的出生正行、有情義利的出生正行、任運的出生正行、超越邊際的出生正行、得相的出生正行、出生為一切相智的正行與道的出生正行，共八種的緣故。

第三科、界限：存在於[32]清淨三地中。

已解說完表徵一切相智的十法。

---

25 **論頌中說** 引文出自《現觀莊嚴論》。見《丹珠爾》對勘本冊49，頁10。

　　開示第二[33]、**表徵道相智的十一法**：論頌中說[26]：「令其隱闇等」乃至「如是說道智」。

　　有表徵道相智[34]的十一法，因為有一、道相智支分、二、了知弟子聲聞道的道相智、三、了知麟喻獨覺道的道相智、四、現後有廣大勝利[35]的大乘見道、五、修道作用、六、勝解修道、七、其勝利——讚歎、承事、稱揚三者；八、迴向修道、九、隨喜修道、十、正行修道、十一、清淨修道，共十一種的緣故。

　　開示第一（道相智支分），論頌中說[27]：「調伏諸天故」乃至「本性及事業」。

　　道相智支分分為三科：一、**性相**；二、**支分**；三、**界限**。

　　第一科：能令道相智圓滿的支分[36]所屬的功德，這是道相智支分的性相。能令道相智圓滿的支分[37]所屬的菩薩相續中的功德，這是此處直接顯示的道相智支分的性相。

26　**論頌中說**　引文出自《現觀莊嚴論》。見《丹珠爾》對勘本冊49，頁4。

27　**論頌中說**　引文出自《現觀莊嚴論》。見《丹珠爾》對勘本冊49，頁10。

第二科：道相智支分有五種，因為有所依遠離障[38]現行我慢、俱有緣發心、因種姓遍覆、不捨輪迴的自性與攝受他為眷屬等的作業，共五種的緣故。

第三科[39]：道相智支分存在於未入道到佛地之間；直接顯示的支分，存在於資糧道到續流後際之間。

開示第二、了知聲聞道的道相智，論頌中說[28]：「道相智理中」乃至「當知聲聞道」。

了知弟子聲聞道的道相智，分為三科：一、性相；二、支分；三、界限。

第一科：為了攝受所化聲聞種姓者，緣著四諦任一為所緣而現證無常等任一行相，從這一分而安立的住聲聞證類的大乘聖者現觀，這是了知聲聞道的道相智的性相。

第二科：從行相的角度可分為[40]十六種；從道的角度可分為是自己的見、修[41]、無學道三種[42]。

---

28 **論頌中說** 引文出自《現觀莊嚴論》。見《丹珠爾》對勘本冊49，頁10。

- 19 -

　　第三科[43]：存在於大乘見道到佛地之間。按照《金鬘論》的字面[29]與某些印度論典[30]的說法，必須解作從大乘資糧道到佛地之間。

29　**《金鬘論》的字面**　《金鬘論》全名《般若波羅蜜多教授現觀莊嚴論及其釋論之廣解·善說金鬘》，般若部論典，宗喀巴大師著，共8品，尚無漢譯。宗喀巴大師（ཙོང་ཁ་པ，公元1357～1419），格魯派開派祖師。降生於青海宗喀。7歲剃度出家，法名善慧名稱（བློ་བཟང་གྲགས་པ），至16歲之間，在義成寶法王（དོན་གྲུབ་རིན་ཆེན）座下修學。16歲前往衛藏求法，至28歲之間，主要聞思顯教諸大論；28歲至39歲之間，廣學各種密法。其後專修文殊法門，親見文殊天顏，並依本尊教誨離世專修。39歲從法依賢（ཆོས་སྐྱབས་བཟང་པོ）及虛空幢（ནམ་མཁའ་རྒྱལ་མཚན）圓滿獲得道次第傳承。40歲著述《菩提道次第廣論》。41歲通達究竟中觀應成見。53歲啟建祈願法會，並依次建成甘丹、哲蚌、色拉三大寺。1419年示寂，世壽62歲。著有《善說金鬘論》、《辨了不了義善說藏論》、《入中論善顯密意疏》、《五次第明燈論》、《密宗道次第廣論》等。重要弟子有賈曹傑、克主傑等。此論係1382年大師住於蔡寺期間，研閱《大藏經》並開始著述，至1387年夏天成書，大師時年31歲。為格魯派學修現觀的重要論典之一，廣為抉擇印藏現觀釋論，清晰闡述現觀文義及如何結合《般若經》。參見《校註集》冊1，頁511；《貢德大辭典》冊2，頁37；《師師相承傳》中文冊上，頁464；藏文頁307。相應段落參見《文殊怙主上師宗喀巴大師文集》對勘本冊17，頁100（宗喀巴大師著，印度：父子三尊文集編輯室，2019，以下簡稱《宗喀巴大師文集》對勘本）。

30　**某些印度論典**　此處指《三部般若除害論》。《三部般若除害論》，原名《聖般若波羅蜜多十萬頌、二萬五千頌及一萬八千頌廣釋》，般若部論典，喀什米爾牙軍論師著。牙軍論師（ཁ་ཆེ་མཆེ་བའི་སྡེ，約9世紀），為一大班智達。此論將般若要義總攝為三門、十一異門，以此廣泛解釋《十萬頌》等三部《般若經》的內義。參見《印度佛教史》中文頁203；藏文頁217。相應段落參見《丹珠爾》對勘本冊55，頁1239。

　　開示第三、了知獨覺道的道相智，論頌中說[31]：「自覺自證故」乃至「攝為麟喻道」。

　　了知麟喻獨覺道的道相智，分為三科：一、**性相；**二、**支分；**三、**界限。**

　　第一科：為了所化獨覺，緣著十二處[32]為所緣而現證無所取外境為行相，從這一分而安立的住獨覺證類的大乘聖道，這是了知獨覺道的道相智的性相。

　　第二科：可分為見、修、無學道三種。

　　第三科、界限：存在於大乘見道到佛地之間。

　　開示第四、具勝利的大乘見道，論頌中說[33]：「由諦與諦上」乃至「是道智剎那」。

　　大乘見道，分為三科：一、**性相；**二、**支分；**三、**界限。**

　　第一科：遮除有寂二邊的諦現觀，這是大乘見道的性相。

　　第二科：分為等引智與後得智二種。就證類而分的話[44]，有

31　**論頌中說**　引文出自《現觀莊嚴論》。見《丹珠爾》對勘本冊49，頁11。

32　**十二處**　指色、聲、香、味、觸、法六外處，以及眼、耳、鼻、舌、身、意六內處。

33　**論頌中說**　引文出自《現觀莊嚴論》。見《丹珠爾》對勘本冊49，頁11。

是自己的了知聲聞道的見道、了知獨覺道的見道與了知大乘道的見道三種。就所緣與反體而分的話，有八忍八智[34]十六種。

　　第三科、界限：只存在於見道。

　　開示第五、修道作用，論頌中說[35]：「遍息敬一切」乃至「菩提供養[45]依」。

　　大乘修道作用，分為三科：一、**性相**；二、**支分**；三、**界限**。

　　第一科：由修習大乘修道之力所獲得的勝利，這是大乘修道作用的性相。

　　第二科：可分為六種，因為有遍息我慢等的作用、恭敬一切的作用、決定戰勝煩惱的作用、不遭損害[46]的作用、正等菩提的作用，以及令般若波羅蜜多所依境成為應供養處的修道作用[47]，共六種。

　　第三科、界限：存在於初地到十地之間。

34　**八忍八智**　八忍指見道無間道，八智指見道正解脫道。中觀宗認為八忍體性一旦同時生起，唯從反體的角度區分，八智亦然；俱舍及集論宗認為，八忍及八智皆依次生起，共有十六剎那。

35　**論頌中說**　引文出自《現觀莊嚴論》。見《丹珠爾》對勘本冊49，頁12。

第六、修道[36]，分為三科：¯`**性相**；二`**支分**；三`**界限**。

第一科：大乘後現觀，這是大乘修道的性相。後現觀與修道同義。

第二科：分為有漏修道與無漏修道二種。第一種與分別心所屬的修道同義，第二種與離分別修道同義。第一種有勝解、迴向、隨喜修道三種。

開示第一、勝解修道，論頌中說[37]：「勝解謂自利」乃至「共二十七種」。

信解般若是三種義利[38]生源的信心，從這一分而安立的大乘後現觀，這是大乘勝解修道的性相。

分為勝解自利、勝解二利與勝解他利的修道三種。這每一種又分下中上三品，共九品，而這每一品又各分為下下等三品，共二十七品。

---

36 **第六、修道** 此科文意指表徵道相智的十一法中的第六個——勝解修道，然在解說時先說明總體的修道。

37 **論頌中說** 引文出自《現觀莊嚴論》。見《丹珠爾》對勘本冊49，頁12。

38 **三種義利** 分別為：自利——成辦自利也刻意利他的自性；自他二利——成辦自他二利；他利——只為他利。此處自利並未遠離他利，就加行差別而說，自他二利及他利的差別，為前者不連續趣入加行，後者則連續趣入。

界限：存在於初地到十地之間。

開示第七、其勝利——讚歎、承事、稱揚三種，論頌中說[39]：「般若波羅蜜」至「讚事及稱揚」。

諸佛與上位菩薩眾對於修持三種勝解修道的菩薩歡喜之分，以及宣說其真實功德之分，此二隨一所攝的功德，將這安立為勝解修道勝利——讚歎、承事、稱揚三種所攝的勝利[48]的性相。

可分為二十七種。

界限與勝解相同。

開示第八、迴向修道，論頌中說[40]「殊勝遍迴向」乃至「生大福為性」等三偈。

將自他善根轉成圓滿菩提支分的有分別大乘後現觀，這是大乘迴向修道的性相。

可分為十二種，因為有殊勝遍迴向修道、第二具無所得行相迴向修道、第三具不顛倒性相迴向修道、第四遠離[49]迴向修道、念佛福德自性[41]迴向修道、善巧方便迴向修道、無相迴向修道、

---

39 **論頌中說** 引文出自《現觀莊嚴論》。見《丹珠爾》對勘本冊49，頁12。

40 **論頌中說** 引文出自《現觀莊嚴論》。見《丹珠爾》對勘本冊49，頁12。

41 **念佛福德自性** 宗喀巴大師在《金鬘論》中提及此修道所迴向之境時，不只有佛陀

諸佛隨許迴向修道[50]、不屬三界迴向修道、生大福德下品迴向修道、大福德中品迴向修道與大福德上品迴向修道，共十二種。

　　界限：從初地到十地之間。

　　開示第九、隨喜修道，論頌中說[42]「由方便無得」乃至「修隨喜作意」一偈。

　　歡喜自他善法的有分別大乘後現觀，這是大乘隨喜修道的性相。

　　可分為隨喜自他善法二種，或世俗與勝義有境的隨喜二種。

　　勝解、迴向、隨喜三種修道的界限相同。

　　開示第十[51]、正行修道，論頌中說[43]「此自性殊勝」乃至「是大義利性」一偈。

　　是無漏大乘後現觀，而且是究竟證德功效的能立，這是大乘正行修道的性相。

　　可分為五種，因為有證達一切法無諦實的正行修道是其體

　　的福德自性，還包括聲聞等福德的自性。相應段落參見《宗喀巴大師文集》對勘本冊17，頁527。

42　**論頌中說**　引文出自《現觀莊嚴論》。見《丹珠爾》對勘本冊49，頁12。

43　**論頌中說**　引文出自《現觀莊嚴論》。見《丹珠爾》對勘本冊49，頁12。

性、般若度正行為修道之殊勝性、彼修道於一切法不行諦實成立、彼修道趣注[52]一切法諦實成立無所得與彼修道獲得佛果的大義利性，共五種的緣故。

界限：從初地到十地之間。

開示第十一、清淨修道及其性相支分，論頌中說[44]「果法清淨性」乃至「諸道能清淨」三偈。

是無漏大乘後現觀，而且是究竟斷德功效的能立，這是大乘清淨修道的性相。

可分為九品修斷的九[53]品對治，從上上品修斷的對治，到下下品修斷的對治──上上品清淨修道之間，共九品[45]。

界限：存在於初地到十地之間。

已解說完表徵道相智的十一法。

開示第三、表徵基智的九法：論頌中說[46]「智不住諸有[54]」乃至「一切智如是」等二偈。

---

44 **論頌中說**　引文出自《現觀莊嚴論》。見《丹珠爾》對勘本冊49，頁13。

45 **共九品**　即上上品、上中品、上下品、中上品、中中品、中下品、下上品、下中品、下下品九種。

46 **論頌中說**　引文出自《現觀莊嚴論》。見《丹珠爾》對勘本冊49，頁4。

有表徵基智的九法，因為有由智慧不住諸有的基智、由悲心不住寂滅的道相智、遠於果般若之基智、鄰近果般若之基智、相執所繫縛的不順品基智、相執的對治所攝的對治品基智、基智加行、加行執取相平等性與見道，共九種的緣故。

第一（由智慧不住諸有的基智），論頌中說[47]「非此岸彼岸」等一偈。

不住有邊的基智的性相：為方便大悲所攝持，且現證無常等任何一者的住小乘證類的大乘聖智，這是其性相。

可分為見、修、無學道三種。事相即如現證無常等十六行相的大乘修道。

（第二、由悲心不住寂滅的道相智）另外，屬於能遮觀待世俗寂邊[48]的類別的大乘聖者現觀，這是由悲心不住寂滅的道相智的性相。事相即如大乘修道行者相續中的悲心。不容有由悲心不住寂滅的基智，所以與前者不同。

可分為大乘聖者的三種大悲與發心等等。

---

47 **論頌中說** 引文出自《現觀莊嚴論》。見《丹珠爾》對勘本冊49，頁13。

48 **觀待世俗寂邊** 此種寂滅邊際係指不只斷滅業惑受生，也斷滅由悲願而受生的小乘涅槃。

這二者的界限：存在於初地到十地之間。

開示第三、遠於果般若之基智，論頌中說[49]：「彼由緣相門，非方便故[55]遠。」

其中分為三科：一、**性相**[56]；二、**支分**；三、**界限**。

第一科：是現證無常等之智，而且遠離大悲，並為諦實執所繫縛的基智，這是遠於果般若之基智的性相。

可分為聲聞獨覺相續中證達無常等的基智等等。

界限：存在於小乘見道到阿羅漢果之間。

開示第四、鄰近果般若之基智，論頌中說[50]：「由善巧方便，即說為鄰近。」

其中分為三科：一、**性相**；二、**支分**；三、**界限**。

第一科：為大悲與現證空性慧二者所攝持，且證達無常等任何一者的住小乘證類的大乘聖智，這是鄰近果般若之基智的性相。

---

49 **論頌中說** 引文出自《現觀莊嚴論》。見《丹珠爾》對勘本冊49，頁13。

50 **論頌中說** 引文出自《現觀莊嚴論》。見《丹珠爾》對勘本冊49，頁13。

第二科：可分為大乘見、修、無學道三種。

第三科、界限：從大乘見道到佛地之間。

開示第五、不順品基智，論頌中說[51]：「色蘊等空性」乃至「行想所治品」。

遠離方便大悲與證達空性慧，且為諦實執所繫縛的小乘基智，這是不順品基智的性相。菩薩不可生起小乘道，所以稱為「不順品」。

支分以及界限[57]與遠基智相同。

開示第六、對治品基智，論頌中說[52]：「施等無我執」乃至「故為不思議[58]」，共三偈又一句[53]。

方便大悲與現證空性慧所攝持的大乘聖者相續中的基智，這是對治品基智的性相。

支分以及界限與鄰近果般若之基智相同。

基智可分為[59]鄰近果般若之基智與遠於果般若之基智二種。

51　**論頌中說**　引文出自《現觀莊嚴論》。見《丹珠爾》對勘本冊49，頁13。

52　**論頌中說**　引文出自《現觀莊嚴論》。見《丹珠爾》對勘本冊49，頁13。

53　**共三偈又一句**　原文如此，然《現觀莊嚴論》漢、藏文版「施等無我執」乃至「故為不思議」的段落皆只包含三偈。

如果未曾先行小乘的話[60]，鄰近果般若之基智、由善巧方便而鄰近的基智[61]、對治品基智與大乘基智同義。遠於果般若之基智、由非方便而遙遠的基智[62]、相執所繫縛的基智、不順品基智與小乘基智同義，因為論頌中說54：「如是一切智」乃至「當知如經說[63]」。《大疏》中說55[64]：「這些要從聲聞與菩薩的支分中了知。」又說56：「如此，遠於果般若的修行，就是聲聞等的對治法；但由於顛倒趣入緣取實事，所以是所斷，因此開示彼為諸菩薩的不順品[65]。」

開示第七、基智加行，論頌中說57：「色等無常等」乃至「證知七現事」，共二偈半。

---

54 **論頌中說** 引文出自《現觀莊嚴論》。見《丹珠爾》對勘本冊49，頁14。

55 **《大疏》中說** 《大疏》，全名《聖般若波羅蜜多八千頌疏‧現觀莊嚴光明論》，又簡稱《莊嚴光明論》，般若部論典，共8品，獅子賢論師著。此論依照《般若經》，清晰開示從「清掃住處」至「修持止觀雙運瑜伽」之間一切道次第的扼要、體性、數量、次第等；特別依照至尊彌勒的教授，說明修持每個所緣時皆具備圓滿的道體；完整地開示從「資糧道」至「以金剛喻定對治二現錯亂而獲一切遍智」之間，以及「獲遍智後如何以二十七種事業利益有情」等要義。此段蓋取其大意，非錄原文，參見《師師相承傳》中文冊上，頁121；藏文頁100。引文見《丹珠爾》對勘本冊51，頁1290。

56 **又說** 引文見《丹珠爾》對勘本冊51，頁1290。

57 **論頌中說** 引文出自《現觀莊嚴論》。見《丹珠爾》對勘本冊49，頁14。

其中分為三科：一、**性相**；二、**支分**；三、**界限**。

第一科：對於事──世俗住相的體性與差別──顛倒耽著的對治，住小乘證類的菩薩瑜伽，這是此處顯示的基智加行的性相。

第二科：可分為十種，因為從境的角度有四種：於色等[66]遮破諦實耽著加行、於差別法無常等遮破諦實耽著加行、色等功德所依未圓滿及圓滿加行、於色等無諦實耽著[67]貪加行；於勝義中般若度無所增減加行、作者勝義無加行、三種難行加行[58]、雖勝義無而名言中有果加行、大勝利菩提不依賴他加行，以及雖無諦實而耽著之顯現夢等七種顯現能知加行[59]，共十種的緣故。雖然

---

58 **三種難行加行**　指將三種難行──所為難行、加行難行、業難行作為對境而修持的基智加行，故此加行是一，並非三種加行。

59 **七種顯現能知加行**　指將七種顯現作為原因來成立無諦實的基智加行。七種顯現分別為：習氣轉化的顯現、因緣匯聚所生的顯現、相違於諦實有的顯現、取決於緣的顯現、顯現卻不超出能安立習氣行相的顯現、沒有諦實成立所依的顯現、作者並非諦實成立的顯現。

與《心要莊嚴疏》[60]文句[68]不同，但是是依照《金鬘論》[61]以及
《二萬頌光明論》[62]，所以意涵是相順的。

第三科、界限：從資糧道到續流後際之間，因為《金鬘論》
中說[63]：「雖然有人承許此為加行道，但是是存在於資糧道到續
流後際之間。」

60　**《心要莊嚴疏》**　《心要莊嚴疏》，全名《般若波羅蜜多口訣現觀莊嚴論顯明義釋
　　疏·心要莊嚴》，般若部論典，賈曹傑大師著。作者為宗喀巴大師之上首弟子，公
　　元1364年生於後藏娘堆區。十歲出家，法名盛寶（ དགེ་ལེགས་ཤེན ）。研習《釋量》、
　　《現觀》、《俱舍》及《毗奈耶》等教典。特別依止仁達瓦大師（ རེ་མདའ་བ ），為其
　　七位得意弟子之一。遊歷後藏薩迦等地諸大辯經場，針對十部論中難解的觀點各各
　　立宗答辯而獲勝，得「十難論師」之盛譽。後值遇宗大師，懇求盡壽依止，自此長
　　隨大師，聽受道次第等眾多顯密教授，無遺漏地牢記於心，能隨即作出筆記。宗大
　　師示寂前夕，賜予大師尖頂僧帽及披肩，象徵授予甘丹寺法座之位。從此十三年
　　間，以講說及修持二門教導弟子，公元1432年在拉薩布達拉示寂，世壽68歲。著
　　有《入菩薩行論廣釋·佛子正道》、《現觀莊嚴論心要莊嚴疏》、《寶性論大疏》
　　等諸多重要釋論。此論係宗喀巴大師於熱振寺宣講《般若經》結合《現觀莊嚴論》
　　之教授時，指示賈曹傑大師筆錄所成，為格魯派學修現觀的重要論典之一。參見
　　《妙音笑心類學》，頁106（妙音笑·語王精進大師造論；釋如法主譯；釋性忠主
　　校，臺北市:福智文化股份有限公司，2020）；《師師相承傳》中文冊上，頁557；
　　藏文頁386。相應段落參見《賈曹一切遍智·達瑪仁欽文集》對勘本冊2，頁278
　　（賈曹傑大師著，印度：父子三尊文集編輯室，2019。以下簡稱《賈曹傑大師文
　　集》對勘本）。

61　**《金鬘論》**　相應段落參見《宗喀巴大師文集》對勘本冊17，頁565。

62　**《二萬頌光明論》**　相應段落參見《丹珠爾》對勘本冊49，頁267。

63　**《金鬘論》中說**　引文見《宗喀巴大師文集》對勘本冊17，頁116。

開示第八、其加行執取相平等性，論頌中說[64]：「不執著色等，四種平等性。」

其中分為三科：一、**性相；**二、**支分；**三、**界限。**

第一科：是修習基智加行的行相，而且能遮執著境與有境，這是其加行執取相平等性的性相。

第二科：開分的話，那十種加行各有四種無耽著，共有四十種，因為《二萬頌光明論》中說[65]：「是哪四種行相？答：不執著是色，不執著由色[69]，不執著色屬我所，不執著依色。」

第三科、界限：從資糧道到續流後際之間，容易理解。

開示第九、見道，論頌中說[66]：「苦等諸聖諦」乃至「一切智剎那」，共有五偈。

遠離三十二種增益的諦現觀，這是見道的性相。

分為三乘的見道三種。由反體區分而[70]說此處顯示的十六剎那。

---

64 **論頌中說** 引文出自《現觀莊嚴論》。見《丹珠爾》對勘本冊49，頁14。

65 **《二萬頌光明論》中說** 引文見《丹珠爾》對勘本冊49，頁270。

66 **論頌中說** 引文出自《現觀莊嚴論》。見《丹珠爾》對勘本冊49，頁14。

文間頌云：

三智之眼曼妙而圓滿

三十表徵法之齒召喚賢種前來

善說的頻婆脣平等地笑著

令眾生傾心的四聖之母真稀奇啊！

已解說完表徵三智之法。

第二科、解說表徵四加行的三十六法，分為四科：一、解說表徵圓滿相加行的十一法；二、解說表徵頂加行的八法；三、解說表徵漸次[71]加行的十三法；四、解說表徵剎那加行的四法。

開示第一科：論頌中說[67]：「行相諸加行」乃至「此具善方便」。

修持三智一百七十三行相的智慧所攝持的菩薩瑜伽，這是圓滿相加行的性相。菩薩道、道般若度、菩薩瑜伽、一切相智加行、道相智加行與鎧甲正行同義。

開分的話[72]，從行相的角度可分為一百七十三種；從加行的角度可分為二十種。

界限：存在於大乘資糧道到續流後際之間。

有表徵圓滿相加行的十一法，因為有行相、加行、功德、加行過失、性相、順解脫分、順決擇[73]分、有學不退僧、有寂平等性加行、嚴淨佛土加行與善巧方便加行，共十一種的緣故。

---

67 **論頌中說** 引文出自《現觀莊嚴論》。見《丹珠爾》對勘本冊49，頁4。

開示第一（行相），論頌中說[68]：「一切智差別」乃至「卅四三十九」。

此處顯示的行相，分為二科：一、**性相**；二、**支分。**

第一科：攝修三智加行的執取相的別相或差別，這是攝修三智加行的行相的性相。

第二科：可分為一百七十三種，因為有二十七種基智行相、三十六種道相智行相，以及一百一十種一切相智行相的緣故。

第一個因成立，因為四諦的前三諦之上各有四種行相，以及道諦之上有十五種行相，共有二十七種，因為論頌中說[69]：「始從無邊相」乃至「道中說十五」的緣故。

第二個因成立，因為因集諦之上有八種行相，道諦之上有七種行相，苦諦之上有五種行相，以及滅諦之上有十六種行相，共有三十六種的緣故。論頌中說[70]：「於因道及苦」乃至「五及十六相」。

---

68 **論頌中說** 引文出自《現觀莊嚴論》。見《丹珠爾》對勘本冊49，頁15。

69 **論頌中說** 引文出自《現觀莊嚴論》。見《丹珠爾》對勘本冊49，頁15。

70 **論頌中說** 引文出自《現觀莊嚴論》。見《丹珠爾》對勘本冊49，頁15。

第三個因成立，因為有與弟子聲聞證類共通的基智行相三十七菩提分法、與菩薩證類共通的三十四種道相智行相，以及一切相智不共的三十九種行相，共有一百一十種，因為論頌中說[71]：「始從四念住」乃至「卅四三十九」的緣故。

在智相之前必須了解義相，所以先解說義相[74]，這點容易了解。

開示第二、加行，論頌中說[72]：「不住色等故」乃至「清淨及結界」。

加行分為三科：一、**性相**；二、**支分**；三、**界限**。

第一科：證達境與有境以及事道相三者諦實空的止觀雙運，這是主要直接顯示的加行的性相。於所有三智行相獲得止觀雙運的智慧所攝持的菩薩瑜伽，將此作為此處顯示的加行的性相是善妙的，因為劬勞久證加行必須從資糧道開始安立，並且是其支分的緣故，這是因為《二萬頌光明論》中說[73]：「由於造作非加行，

---

71 **論頌中說** 引文出自《現觀莊嚴論》。見《丹珠爾》對勘本冊49，頁15。

72 **論頌中說** 引文出自《現觀莊嚴論》。見《丹珠爾》對勘本冊49，頁15。

73 **《二萬頌光明論》中說** 引文見《丹珠爾》對勘本冊49，頁305。

所以初修業者歷經劬勞」的緣故，以及也與《心要莊嚴疏》[74]和《金鬘論》[75][75]相順，這相當善妙。

　　第二科：可分為二十種，因為有於事道相所攝的色等不住諦實耽著加行、於色等遮破[76]諦實耽著加行、證達色等事之實性[77]的甚深加行、證達道法自性的難測量加行，以及證達色等行相自性無量的無量加行，這五種是從體性的角度而分；由於怖畏甚深空性以致初修業者遲久證達菩提加行、從煖位起不怖畏法性而在夢中也能行持六度的得授記加行、從頂位起自身生起證達法性般若而不退轉堅固加行、從忍位起智慧方便的堅固證德超越聲聞獨覺障礙的出離[78]加行、從世第一法起見趣入現見法界海而具無間[79]加行、堪生一切相智之因新無漏法的鄰近菩提加行、速疾出生果位的速疾成佛加行，以及悲心為利他而趣行轉法輪的利他加行，這八種是從所依補特伽羅的角度而分；證達於勝義中過失與功德無增無減加行、於勝義中不見善等法與非法等加行、於色等無諦實執著的不思議故不見加行，以及不分別[80]色等名相性相為

74　《心要莊嚴疏》　相應段落參見《賈曹傑大師文集》對勘本冊2，頁323。

75　《金鬘論》　相應段落參見《宗喀巴大師文集》對勘本冊17，頁117；冊18，頁68。

諦實而無分別加行，這四種是從圓滿修持般若之方便的角度而分；能增長功德的與珍寶果加行，以及能消除過失的清淨加行，這二種是從果的角度而分；以及速疾修持般若的界限加行，共二十種的緣故。

開示第三、加行功德，論頌中說[76]：「摧伏魔力等，十四種功德。」

由修習加行之力所獲得的勝利，這是加行功德的性相。

可分為十四種[81]，因為有書寫讀誦修持般若波羅蜜多之加行而蒙佛加持[82]摧伏魔力留難、識知修習加行的功德、佛陀現前觀見的功德、趨近正等菩提的功德、廣大義利等功德、如般若波羅蜜多經於各各境域弘揚等而行化諸境的功德、一切無漏功德圓滿的功德、說法師的功德、無法沮壞的功德、出生不共善根的功德、成辦誓願之事的功德、攝持廣大果報的功德、行有情義利的功德與圓滿獲得般若波羅蜜多的功德，共十四種的緣故。

---

76 **論頌中說** 引文出自《現觀莊嚴論》。見《丹珠爾》對勘本冊49，頁16。

　　開示第四、加行過失，論頌中說[77]：「當知諸過失，有四十六種。」

　　於加行之生起、安住與轉趣超勝任何一者作阻礙的障難，這是加行過失的性相。

　　可分[83]為四十六種，因為有出生未生加行的二十三種違緣，以及二十三種不具順緣的緣故。

　　有第一組十種，因為有需要極大劬勞才能證達的過失、辯才過於速疾的過失、身粗重的過失、心粗重的過失、非理讀誦等等的過失、厭捨之因——由於未授記而不喜、棄捨根本因而受持小乘的過失、棄捨品嚐妙味的過失、退失於一切相中受持最勝乘的過失與退失所為的過失，共十種。

　　有第二組十種，因為有退失因果相係屬[84]、從無上處退失、尋思眾多境、耽著書寫文字、耽著無實事、耽著文字[85]、耽著無文字、耽著國土等、味著利養恭敬稱譽與於非道中尋求方便，共十種。

---

77 **論頌中說**　引文出自《現觀莊嚴論》。見《丹珠爾》對勘本冊49，頁16。

　　有第三組十種，因為有聞者與說者由於欲求與懈怠而分離、二者由於欲求對境不同而分離、由於聞者與說者是否欲求利養而分離、由於具不具足杜多功德而分離[86]、由於有善法與有不善法而分離[87]、由於施捨與慳吝而分離[88]、由於供給與不受取而分離[89]、由於初說便悟與演義乃知而分離[90]、由於了不了知契經等而分離[91]與由於具不具足六度而分離[92]，共十種的緣故。

　　有第四組十種，因為有有無善巧方便的過失、是否獲得陀羅尼的過失、是否欲求書寫文字的過失、有無離欲的過失、自己厭捨惡趣眾生的過失、自己求趣善趣的過失、聞者與說者喜好獨處與喜好徒眾的過失、想要隨行而不予以[93]機會的過失、略微欲求財物而不想布施的過失，以及是否前往危身命處與不危身命處的過失，共十種的緣故。

　　餘下有六種，因為有是否前往豐樂及饑饉處的過失、是否前往盜[94]賊橫行之處的過失、說者與聞者由於照看施主而欣不欣喜的過失、由於惡魔破壞而厭離般若波羅蜜多的過失、虛假修行的過失與喜愛非如實境的過失，共六種的緣故。

　　如此一來，雖然就像大寶多諸怨敵的譬喻一般，會有眾多加行的障礙，但是就像多子之母的譬喻一般，透過除遣障礙之白淨

品——一切諸佛菩薩所護念，能夠戰勝一切障礙。《二萬頌光明論》中說[78]：「多子之母的譬喻，說明彼為十方世界諸佛菩薩等一切聖者補特伽羅所憶念，因此精進修行者，會蒙受彼等守護等等。」

開示第五、加行的性相，論頌中以[79]「由何相[95]當知」等一偈總示之後，隨後則以[80]「知如來出現」乃至「許為第四相」廣說。

其中分為三科：一、**性相；**二、**支分；**三、**界限。**

第一科：從加行的體性或功能這一分而表徵的菩薩瑜伽，這是道般若度加行的性相。

第二科：可分為九十一種，因為有四十八種正智性相、十六種殊勝性相、十一種作用性相，與十六種自性性相的緣故。

開示第一（四十八種正智性相），論頌中說[81]：「知如來出現」乃至「品中諸智相」。

78　**《二萬頌光明論》中說**　此段蓋取其大意，非錄原文。參見《丹珠爾》對勘本冊49，頁314。

79　**論頌中以**　引文出自《現觀莊嚴論》。見《丹珠爾》對勘本冊49，頁16。

80　**隨後則以**　引文出自《現觀莊嚴論》。見《丹珠爾》對勘本冊49，頁16。

81　**論頌中說**　引文出自《現觀莊嚴論》。見《丹珠爾》對勘本冊49，頁16。

性相：大悲心及證空慧等殊勝方便智慧種類未圓滿的[96]菩薩智，這是加行體性所屬正智的性相。事相即如煩惱相等隱沒的十六種菩薩瑜伽。正智性相分為三種：菩薩基智加行的智相、菩薩道相智加行的智相與菩薩一切相智加行的智相。

第一（菩薩基智加行的智相），斷[97]煩惱相等四者，而且緣著了知出生如來等隨一基智行相的菩薩瑜伽，表徵了菩薩基智加行，而具了知出生如來等隨一行相的菩薩智，則為其性相。

可分為十六種，因為有了知出生如來、了知世間無壞、了知有情心行、了知略心、了知散心、了知心無盡相、了知[98]離貪心、了知有貪心等[99]、了知廣心、了知大心、了知無量心、了知無見無對心、了知不可見[100]心、了知心出沒等三、了知真如相與了知能仁證達實性而為他開示，共十六種的緣故。

第二（菩薩道相智加行的智相），以空無相等隨一道相智智相[101]作為差別的菩薩智，這是此處顯示的道相智加行正智性相的性相。事相即如以利他鎧甲難行等正行作為差別，且具有空無相等隨一道相智行相的菩薩加行。開示此義，論頌中說[82]：「空性及無相」乃至「道相智品中，許為諸智相」。

---

82 **論頌中說** 引文出自《現觀莊嚴論》。見《丹珠爾》對勘本冊49，頁16。

可分為十六種，因為有了知空，同樣地，了知無相、無願、勝義中無生、無滅，以及「等」字[83]所攝無染、無淨、無實事、體性、無所依與虛空的性相六種，法性無亂壞、無所作、無分別、差別與無性相，共十六種的緣故。

第三（菩薩一切相智加行的智相），緣著如來於自現法樂住等[102]隨一一切相智行相為行相的菩薩智，這是一切相智加行正智性相[103]的性相。事相即如此處顯示的十六種，或者攝為七種，因為《金鬘論》中說[84]：「此處顯示的境，多數是佛陀相續中生起的自他義利圓滿果位的論述，因此了知彼的十六種有境，是一切相智的正智性相」的緣故。此處是以如同意涵為主，而不是以表徵方式為主。

可分為十六種，因為有了知從彼依般若而安樂住[85]、了知恭敬般若、了知尊重般若、了知歡喜般若、了知供養般若、了知勝義中無如此作用、了知趣入一切境、了知於真實中無見性、了知

---

83 「等」字　引文出自《現觀莊嚴論》。見《丹珠爾》對勘本冊49，頁16。

84 《金鬘論》中說　引文見《宗喀巴大師文集》對勘本冊18，頁106。

85 從彼依般若而安樂住　依照《金鬘論》中的解釋，應理解為「彼依般若而安樂住」，此處「彼」是指如來。參見《宗喀巴大師文集》對勘本冊18，頁103。

世間空相、了知詮說世間自性空、了知了知空性[86]、了知令現見空性、了知顯示勝義中不可思議性、了知顯示勝義中寂滅戲論性、了知遮滅世間諦實成立，以及了知世間蘊想遮滅，共十六種的緣故，這是因為論頌中說[87]：「彼依自法住[104]」乃至「是說諸智相」。

開示第二、殊勝性相，論頌中說[88]：「由難思等別[105]」乃至「說名殊勝相」。

殊勝性相分為二科：一、性相；二、支分。

第一科：以不思議等作為差別[106]的菩薩智，這是菩薩加行勝進的性相。事相即如十六種自性加行。表徵超勝或勝進於小乘加行，是表徵殊勝的方式。

第二科：可分為大乘見道忍智十六剎那勝出聲聞獨覺的十六種能表徵，因為緣著苦諦的四種忍智為：不思議本性、無等本性、真實中超越量所稱量與超越言詮所計數[107]這四種；緣著集

---

86 **了知空性** 依照《金鬘論》中的解釋，此指令相續成熟的所化機了知世間空性。參見《宗喀巴大師文集》對勘本冊18，頁104。

87 **論頌中說** 引文出自《現觀莊嚴論》。見《丹珠爾》對勘本冊49，頁16。

88 **論頌中說** 引文出自《現觀莊嚴論》。見《丹珠爾》對勘本冊49，頁17。

諦的攝集三種聖者補特伽羅斷證、智者所了知、不共聲聞獨覺、較聲聞獨覺更為速疾之智這四種；緣著滅諦的勝義中無增減、修行六波羅蜜多、以三輪清淨經劫[108]真實修行、以方便攝持於一切法無所得這四種；具足緣著道諦的法界體性的菩薩道所依種姓、波羅蜜多圓滿因的聚體、內外善知識攝持與無有耽著一切法的味著這四種，這十六種是勝出聲聞獨覺十六忍智的性相的緣故。

開示第三、加行作用性相，論頌中說[89]：「作利樂濟拔」乃至「此[109]即作用相」。

具足利樂濟拔等殊勝作業的菩薩智，是菩薩加行具足成辦利他殊勝作用之加行的性相[110]。事相即如十六自性性相。此處是利他作業的表徵方式。

可分為十一種，因為有三種菩薩基智加行作用、七種道相智加行作用，以及一種一切相智加行作用，共十一種的緣故。有前三種，因為有以菩薩基智加行安置一切有情於解脫安樂的利益、無有痛苦憂愁等的此生安樂[111]，以及濟拔一切輪迴痛苦，共三

---

89 **論頌中說** 引文出自《現觀莊嚴論》。見《丹珠爾》對勘本冊49，頁17。

種的緣故。有中間七種，因為有安置於涅槃的皈依作用、滅除苦
因的舍宅作用、證達輪迴涅槃勝義中同一味的援軍作用、證得他
利的洲渚作用、成辦二利的導師作用、能任運成辦有情利益，以
及不於非時現證三乘果位[112]，共七種的緣故。有一種一切相智
加行作用，因為作為如實開示一切諸法的世間所依處即是彼的緣
故。

開示第四、自性性相，論頌中說[90]：「離煩惱狀貌」乃至
「許為第四相」。

性相即是前文所說的加行體性。

可分為十六種，因為有四種基智加行自性、五種道相智加行
自性，以及七種一切相智加行自性的緣故。有前四種，因為有遠
離[113]煩惱的自性、無其象徵身粗重的自性、無其相狀不如理的
自性；以及遠離取捨分別的自性，共四種的緣故。有五種道相智
加行自性，因為有難行加行、決定唯當成佛的加行、成辦三大所
為的加行、修行三輪勝義中不可得的加行，以及遮除耽著諦實實
事的加行，共五種的緣故。有七種一切相智加行自性，因為有緣

90 論頌中說　引文出自《現觀莊嚴論》。見《丹珠爾》對勘本冊49，頁17。

著事道的自性、不順一切世間的自性、無礙著的自性、無事的自性、無去來的自性、無生的自性與真如不可得的自性，共七種的緣故。

開示第六、順解脫分，論頌中說[91]：「無相善施等」乃至「謂順解脫分」。

順解脫分，分為五科：一、性相；二、字詞解釋；三、支分；四、界限；五、其象徵。

第一科：於自相續中善巧修行一切相智的菩薩相續中的法現觀，這是大乘順解脫分的性相。大乘法現觀、大乘順解脫分與大乘資糧道等同義。

第二科、字詞解釋：由於斷除煩惱而名解脫，由於是其一分而名解脫分，由於有益於彼而稱為「順解脫分」。

第三科：以時間而分，有下中上三品；以體性而分[114]，有是自己的聞思修三者。

第四科、界限：只存在於大乘資糧道，因為[115]必須存在於從相續中生起發心，至未獲得五根[92]以前。

---

91 **論頌中說** 引文出自《現觀莊嚴論》。見《丹珠爾》對勘本冊49，頁18。

92 **五根** 指加行道時方獲得的信、進、念、定、慧五根。

第五科、象徵：聽到輪迴過患與解脫勝利，就會毛豎淚流等；特別是心不退不畏、不驚不怖，以及於甚深法不驚不悔的相狀，共三種。

開示第七、順決擇分，論頌中說[93]：「緣佛等淨信」乃至「成熟有情等」。

大乘順決擇分，分為四科： ˉ˴**性相；** ˉ˴**字詞解釋；** ˉ˴**支分；** ˉ˴**界限。**

第一科：以方便作為差別[116]的菩薩義現觀，這是大乘順決擇分的性相。

第二科、字詞解釋： 由於有益於決定分離見斷[117]種子的見道分或一部分，因此名為順決擇分。

第三科：可分為十二種，因為煖、頂、忍、世第一法四種大乘順決擇分各有下中上三品的緣故。

第四科、界限： 存在於獲得證空勝觀至未獲得見道[118]之間。

---

93 **論頌中說** 引文出自《現觀莊嚴論》。見《丹珠爾》對勘本冊49，頁18。

- 49 -

開示第八、不退轉僧，論頌中說[94]：「從順決擇分」乃至「是此不退眾」。

不退轉僧，分為三科：一、**性相；**二、**支分；**三、**界限。**

第一科：獲得色等想退轉等任一相狀的菩薩，這是不退轉僧的性相。

第二科：分為從加行道起獲得相狀的利根、從見道起獲得相狀的中根，以及從修道起獲得相狀的鈍根，共三種菩薩。

第三科、界限：存在於煖位加行道到續流後際之間。

開示第九、有寂平等性加行，論頌中說[95]：「諸法同夢故」乃至「如經已盡答[119]」。

有寂平等性加行，分為三科：一、**性相；**二、**支分**[120]；三、**界限。**

第一科：在後得位中也破壞諦實執現行出生機緣的清淨地菩薩智，這是有寂平等性加行的性相。

第二科：可分為清淨三地的三種智。

第三科、界限：存在於八地到續流後際之間。

---

94 **論頌中說** 引文出自《現觀莊嚴論》。見《丹珠爾》對勘本冊49，頁18。

95 **論頌中說** 引文出自《現觀莊嚴論》。見《丹珠爾》對勘本冊49，頁20。

開示第十、嚴淨佛土加行，論頌中說[96]：「如有情世間」乃至「即嚴淨佛土」。

嚴淨佛土加行[121]，分為三科：一、**性相；**二、**支分；**三、**界限。**

第一科：成辦自己將來成佛的殊勝國土的願等具力善根的清淨地菩薩智，這是嚴淨佛土加行的性相。

第二科：可分為嚴淨佛土器世間加行，以及嚴淨佛土情世間加行，共二種。

第三科、界限：存在於清淨三地[122]。

開示第十一、善巧方便加行，論頌中說[97]：「境及此加行」乃至「十方便善巧」。

善巧方便加行，分為三科：一、**性相；**二、**支分；**三、**界限。**

第一科：透過止息粗分勤功用而任運成辦事業的清淨地菩薩智，這是善巧方便加行的性相。

第二科：可分為[123]十種，因為有超越障難法的善巧方便加行、無住的善巧方便加行、願力所引發智的善巧方便加行、不共

---

96 **論頌中說** 引文出自《現觀莊嚴論》。見《丹珠爾》對勘本冊49，頁20。

97 **論頌中說** 引文出自《現觀莊嚴論》。見《丹珠爾》對勘本冊49，頁20。

的善巧方便加行、無貪的善巧方便加行、不可得的善巧方便加行、無相的善巧方便加行、無願的善巧方便加行、不退轉相的善巧方便加行與無量的善巧方便加行，共十種的緣故。

第三科、界限：存在於八地到續流後際之間。

已解說完表徵圓滿相加行的十一法。

開示第二、表徵頂加行的八法：論頌中說[98]：「此相及增長」乃至「是為頂現觀」。

有表徵頂加行的八法，因為有煖位頂加行、頂位頂加行、忍位頂加行、世第一法頂加行、見道頂加行、修道頂加行、無間頂加行與所遣邪行，共八種的緣故。

開示第一、煖位頂加行，論頌中說[99]：「夢亦於諸法」乃至「所有十二相」。

煖位頂加行，分為三科，第一科：獲得夢中也能觀一切法如夢等十二種象徵任何一者，從這一分而安立的菩薩順決擇分，這是煖位頂加行的性相。

第二科：可分為下中上三品煖位。

---

98 **論頌中說** 引文出自《現觀莊嚴論》。見《丹珠爾》對勘本冊49，頁20。

99 **論頌中說** 引文出自《現觀莊嚴論》。見《丹珠爾》對勘本冊49，頁21。

第三科、界限：存在於煖位。

開示第二、頂位頂加行，論頌中說[100]：「盡[124]贍部有情」乃至「說十六增長」。

頂位頂加行，分為三科，第一科：屬於圓具十六種增長福德類別的大乘第二順決擇分，這是頂位頂加行的性相。其與大乘頂位加行道同義。

第二科：可分為下中上三品頂位頂加行。

第三科、界限：存在於大乘頂位加行道。

開示第三、忍位頂加行，論頌中說[101]：「由三智諸法」乃至「說名為堅穩」。

忍位頂加行，分為三科，第一科：獲得隨順三智已圓滿的智慧，與利他不壞堅固方便的第三順決擇分，這是忍位頂加行的性相。其與大乘忍位加行道同義。前面二種頂加行也可以像這樣不加上「菩薩」，因為小乘沒有這樣的加行道的緣故。雖然如此，但[125]還是為了易於除疑而加上。

---

100 **論頌中說** 引文出自《現觀莊嚴論》。見《丹珠爾》對勘本冊49，頁21。

101 **論頌中說** 引文出自《現觀莊嚴論》。見《丹珠爾》對勘本冊49，頁21。

第二科：可分為下中上三品大乘忍位。

第三科、界限：如同大乘忍位加行道。

開示第四、世第一法頂加行，論頌中說[102]：「四洲及小千」乃至「宣說三摩地」。

世第一法頂加行，分為三科：第一科：由於具足能生見道之力的無邊三摩地，而獲得心遍安住[103]的第四順決擇分，這是世第一法頂加行的性相。

第二科：可分為下中上三品大乘世第一法加行道。

第三科、界限：與大乘世第一法加行道相同。

開示第五、見道頂加行，論頌中說[104]：「轉趣及退還[126]」乃至「是此中見道」。

見道頂加行，分為三科：第一科：從作為見斷[127]諦實執的對治這一分而安立的大乘諦現觀，這是見道頂加行的性相。其與大乘見道同義。

---

102 **論頌中說**　引文出自《現觀莊嚴論》。見《丹珠爾》對勘本冊49，頁21。

103 **心遍安住**　指透過忍位頂加行堅固方便智慧二者的證德後，成為堅固不壞的方便智慧證德的自性，並於所緣不散動而安住的世第一法三摩地。

104 **論頌中說**　引文出自《現觀莊嚴論》。見《丹珠爾》對勘本冊49，頁21。

第二科：可分為等引與後得二種，以及從所斷的角度分為四種見斷分別心的對治[128]四種見道頂加行。等引智中有忍智十六剎那。

第三科、界限：與大乘見道相同。

開示第六、修道頂加行，論頌中說[105]：「滅盡等九定」乃至「其餘九違品」。

修道頂加行，分為三科：**第一科**：殊勝攝修三智[129]的智慧所攝持[130]，作為修斷分別心的對治，從這一分而安立的大乘後現觀，這是修道頂加行的性相。

第二科：可分為九品修斷分別心的正對治九品無間道，與九品[131]修道正解脫道。

第三科、界限：存在於初地到十地之間。

開示第七、無間頂加行，論頌中說[106]：「安立三千生」乃至「證一切相智」。

無間頂加行，分為三科：一、**性相**；二、**支分**；三、**界限**。

---

105 **論頌中說** 引文出自《現觀莊嚴論》。見《丹珠爾》對勘本冊49，頁23。

106 **論頌中說** 引文出自《現觀莊嚴論》。見《丹珠爾》對勘本冊49，頁24。

第一科：殊勝攝修三智的無間直接出生自果一切相智的菩薩究竟瑜伽，這是無間頂加行的性相。其與續流後際智同義。

第二科：可分為四種剎那加行。

第三科、**界限**：只[132]存在於續流後際。

開示第八、所遣邪行，論頌中說[107]：「於所緣證成」乃至「說為十六種」。

所遣邪行，分為三科：ᴵ、**性相**；ᴵᴵ、**支分**；ᴵᴵᴵ、**界限**。

第一科：執取二諦不能攝為體性一的種子與現行任何一者，這是所遣邪行的性相。

第二科：可分為十六種，因為有心想修道所緣不合宜，以及心想行相不合宜二種；心想修道之果不合宜；從事的勝義角度破壞世俗，以及從世俗的角度[133]破壞勝義之諍論二種；行持的體性施等[134]應不合理有一；行持的所依——佛陀應不合理、法應不合理、僧應不合理有三；行持的差別善巧方便應不合理；現觀應不合理、其所斷分別應不合理有二；道之體性應不合理有一；所斷對治的支分應不合理有一；所修[135]自相共相應不合理有

---

107 **論頌中說** 引文出自《現觀莊嚴論》。見《丹珠爾》對勘本冊49，頁24。

一；以及修習應不合理有一[136]，共十六種的緣故。如此執取的顛倒分別是真正的邪行，而如此提出過失的聲音則是次要的。

另外，邪行如果從聲音詮說而分的話[137]，有分別心與能詮聲二種。以二諦任何一者作為原因而破壞另一方之耽著識，這是第一者的性相。以二諦任何一者作為原因而破壞另一方之諍論語，這是第二者的性相。將這些總攝起來的話，則攝為具世俗門的詰難諍論與具勝義門的詰難諍論二種。

第三科、界限：存在於未入道到不淨七地之間[138]，因為將種子也說為邪行，所以有修道所斷的緣故。

已解說完表徵頂加行的八法。

開示第三、漸次加行：論頌中略示說[108]：「漸次現觀中，有十三種法」，之後則從支分的角度而廣說[109]「布施至般若」乃至「許為漸次行。」

漸次加行，分為三科：一、性相；二、支分；三、界限。

第一科：依次修習三智行相的智慧所攝持的菩薩瑜伽，這是

---

108 **論頌中略示說** 引文出自《現觀莊嚴論》。見《丹珠爾》對勘本冊49，頁5。

109 **廣說** 引文出自《現觀莊嚴論》。見《丹珠爾》對勘本冊49，頁25。

漸次加行的性相。

　　第二科：可分為十三種，因為有從布施到般若之間六種，隨念佛、法、僧、戒、捨、天、上師六種，以及證達無自性，共十三種的緣故。

　　第三科、界限：存在於資糧道到剎那加行之前。

　　第四、剎那加行，論頌中略示說[110]：「剎那證菩提」，隨後廣說[111]「施等一一中」乃至「諸法無二性」。

　　剎那加行，分為四科：一、**性相；**二、**支分；**三、**詞義；**四、**界限。**

　　第一科：於三智行相獲得堅固串習的菩薩究竟瑜伽，這是剎那加行的性相。剎那加行、續流後際智與無間頂加行三者同義，在聖域還有許多種承許方式。

　　第二科：可分為體性一而反體異的四種，因為有非異熟[112]剎那加行、異熟剎那加行、無相剎那加行與無二剎那加行，共四種的緣故。

---

110 **論頌中略示說**　引文出自《現觀莊嚴論》。見《丹珠爾》對勘本冊49，頁4。

111 **隨後廣說**　引文出自《現觀莊嚴論》。見《丹珠爾》對勘本冊49，頁25。

112 **非異熟**　此處係指尚未成熟之義，後句之「異熟」，則是指已成熟之義。

　　開示第一（非異熟剎那加行），論頌中說[113]：「施等[139]一一中」乃至「一剎那智德」。

　　從非異熟的無漏布施到八十種隨形好之間的功德種類，皆能於一剎那間證得的菩薩究竟瑜伽，這是非異熟剎那加行的性相。由於不淨七地中，修習的力量尚未任運成熟，所以是從其境的反體分而開示[140]，因為這是聖解脫軍、獅子賢與大師父子[114]四位論師的密意的緣故，這是因為[141]《莊嚴光明論》中說[115]：「從趨近於所化士夫的方面，以反體開分的話，則如此開示為四種。」《金鬘論》中說[116]：「剎那加行從性相或反體而開分的話」，《心要莊嚴疏》中也說[117]：「透過不同反體界限的性相，有體性一而反體異的四種。」

---

113 **論頌中說**　引文出自《現觀莊嚴論》。見《丹珠爾》對勘本冊49，頁25。

114 **大師父子**　按後文推斷，此處應指宗喀巴大師及賈曹傑大師二位。

115 **《莊嚴光明論》中說**　此段蓋取其大意，非錄原文。參見《丹珠爾》對勘本冊51，頁1664。

116 **《金鬘論》中說**　引文見《宗喀巴大師文集》對勘本冊17，頁120。

117 **《心要莊嚴疏》中也說**　引文見《賈曹傑大師文集》對勘本冊2，頁67。

　　開示第二、異熟剎那加行，論頌中說[118]：「若時起異熟」乃至「即一剎那智」。

　　從異熟的無漏布施等到八十種隨形好之間的功德種類，皆能於一剎那間證得的菩薩究竟瑜伽，這是異熟剎那加行的性相。此處的異熟是從八地[142]以上對境的反體而說，因為《二萬頌光明論》中說[119]：「異熟法性位階的一切無漏法。」《心要莊嚴疏》中說[120]：「四剎那的第一剎那，是由於七地以下精進修持，所以證得了尚未純熟的一切無漏法」的緣故。周遍，因為對於《二萬頌光明論》的「位階」，《心要莊嚴疏》解說七地以下為非異熟[143]的緣故，以及因為間接[144]就能理解到八地以上為異熟的道理的緣故。

　　開示第三、無相剎那加行，論頌中說[121]：「由布施等行」乃

118　**論頌中說**　引文出自《現觀莊嚴論》。見《丹珠爾》對勘本冊49，頁25。

119　**《二萬頌光明論》中說**　據如月格西解釋，此文意指四剎那的第一剎那，係由於七地以下精進修持的積累，因而在八地時獲得尚未純熟的一切無漏法的因緣已具足。文中的「證得」，此處係指「獲得的因緣已具足」之意。引文見《丹珠爾》對勘本冊49，頁447。

120　**《心要莊嚴疏》中說**　引文見《賈曹傑大師文集》對勘本冊2，頁449。

121　**論頌中說**　引文出自《現觀莊嚴論》。見《丹珠爾》對勘本冊49，頁25。

至「諸法無相性」。

於一剎那間現證施等一切法諦實空，從這一分而安立的菩薩究竟瑜伽，這是無相剎那加行的性相。

開示第四、無二剎那加行，論頌中說[122]：「如夢與能見」乃至「諸法無二性」。

能於一剎那間現證一切法為能取所取[145]實質異不成立，從這一分而安立的菩薩究竟瑜伽，這是無二剎那加行的性相。

第三科：於時邊際的一成事剎那間對於布施等，不錯亂地現前趣向或真實地證達，因此名為一剎那現證。因為於一時邊際剎那間[146]阿毗薩瑪雅的「阿毗」是現前趣向；「薩瑪」是真實，也就是盡除垢染，所以是不錯亂；「阿雅」則是證達或量知的意涵的緣故，這是因為《二萬頌光明論》中說[123]：「什麼是『現觀』的意涵？現前趣向是指現證，或者『薩瑪』一詞是決定現前詮說，『阿雅』是證達」的緣故。

第四科：四者的界限都只存在於續流後際。

---

122 **論頌中說** 引文出自《現觀莊嚴論》。見《丹珠爾》對勘本冊49，頁25。

123 **《二萬頌光明論》中說** 此段蓋取其大意，非錄原文。參見《丹珠爾》對勘本冊49，頁450。

已善為解說一剎那現證圓滿菩提。

開示第三、果位法身：論頌中說[124]：「能仁自性身」乃至「有二十七種」。

以積集二種資糧之力而獲得的究竟功德，這是果位法身的性相。其中可分為[147]四種，因為有自性法身、智慧法身、報身與化身[148]四種的緣故，這是因為論頌中說[125]：「自性圓滿報，如是餘化身，法身並事業，四相正宣說。」「法身」也顯示了智慧法身。

開示第一、自性法身，論頌中說[126]：「能仁自性身」乃至「彼自性為相」。

其中分為三科：一、**性相**；二、**支分**；三、**界限**。

第一科：具足自性清淨[149]及客塵清淨二者的究竟界，這是自性法身的性相。

第二科：可分為是自己的自性清淨分所屬的自性法身，與客塵清淨分所屬的自性法身二種。

---

124 **論頌中說** 引文出自《現觀莊嚴論》。見《丹珠爾》對勘本冊49，頁26。

125 **論頌中說** 引文出自《現觀莊嚴論》。見《丹珠爾》對勘本冊49，頁5。

126 **論頌中說** 引文出自《現觀莊嚴論》。見《丹珠爾》對勘本冊49，頁26。

第三科、界限：只存在於佛地。

開示第二、智慧法身，論頌中說[127]：「順菩提分法」乃至「說名為法身」。

其中分為三科：一、**性相**；二、**支分**；三、**界限**。

第一科：觀待於如所有性及盡所有性而為究竟觀見之智，這是智慧法身的性相。其與一切相智同義。

第二科：可分為佛地的二十一類無漏智，因為有佛地的三十七菩提分法為第一組，其四無量為第二組，其八解脫為第三組，其九次第定為第四組，其十遍處為第五組，其八勝處為第六組，其無諍定為第七組，其願住智為第八組，其六神通為第九組，其四無礙解為第十組，其身等四清淨為第十一組，其十自在為第十二組，其十力為第十三組，其四無所畏為第十四組，其三不護為第十五組，其三念住為第十六組，其於有情利益無忘失法性為第十七組，其真實永滅三門習氣為第十八組，其於一切眾生起大悲心為第十九組，其十八佛不共法為第二十組，其三智為第二十一組的緣故。

---

127 **論頌中說** 引文出自《現觀莊嚴論》。見《丹珠爾》對勘本冊49，頁26。

第三科、**界限**：只存在於佛地。

開示第三、報身，論頌中說[128]：「許三十二相」乃至「名佛受用身」。

其中分為三科：一、**性相**；二、**支分**；三、**界限**。

第一科：從五種決定[129]這一分而安立之身，這是報身的性相。

第二科：從聲音詮說可分為大小二種報身。第一者與色究竟天的報身同義，第二者與色究竟天的化身同義。

第三科、界限：只存在於佛地。處所只會在色究竟天。

開示第四、化身，論頌中說[130]：「若乃至三有[150]」乃至「佛化身[151]無斷」。

其中分為二科：一、**性相**；二、**支分**。

第一科：從不具足五種決定[152]這一分而安立的究竟色身，

---

128 **論頌中說** 引文出自《現觀莊嚴論》。見《丹珠爾》對勘本冊49，頁27。

129 **五種決定** 為報身佛之五種特徵：一、處所決定，指必定安住於色究竟天密嚴剎土；二、身相決定，必定以三十二大丈夫相、八十隨好為莊嚴；三、眷屬決定，主要所化機決定為初地至十地的菩薩聖者。四、佛法決定，對主要所化機決定宣說大乘佛法。五、時決定，乃至輪迴未空皆不會示現涅槃之相。

130 **論頌中說** 引文出自《現觀莊嚴論》。見《丹珠爾》對勘本冊49，頁29。

這是化身的性相。其與報身所化之身[153]二者同義。

第二科：可分為工巧化身[131]、生化身[132]與殊勝化身[133]，共三種。

開示佛陀事業，論頌中說[134]：「如是盡生死」乃至「有二十七種」。

佛陀事業，分為五科：一、性相；二、支分；三、界限；四、趣入方式；五、時長。

第一科：從自因一切相智的增上緣所出生的白淨功德，這是佛陀事業的性相。

第二科：可分為二十七種，因為從安置一切眾生於寂滅業到安置於涅槃的事業之間，有二十七種的緣故。

第三科：存在於未入道至佛地之間。

第四科：佛陀事業趣入所化機相續的方式無有邊際，因為隨應各自機緣的身語意事業如虛空般廣大、如河流[154]般相續不

---

131 **工巧化身**　例如：佛陀化現的毗首羯摩（工巧天）。

132 **生化身**　例如：佛陀為調伏乾闥婆王極喜而化現的琵琶樂師。

133 **殊勝化身**　指示現十二相成道之化身佛，例如導師釋迦世尊。

134 **論頌中說**　引文出自《現觀莊嚴論》。見《丹珠爾》對勘本冊49，頁29。

斷、如海水潮而不逾時，以及如如意樹與如意寶珠般無勞任運而轉的緣故。

　　第五科、時長[155]：佛陀事業相續不斷，因為乃至輪迴未空之間，都於所化機相續中種種隨轉無有間斷的緣故。因為論頌中說[135]：「如是盡生死，此事業無斷」的緣故。

　　結頌云：

　　佛母大寶生源

　　善說四加行河流盈滿了四方

　　在四身層級高聳的須彌頂上

　　三智天王在三十三天遊戲著　稀奇啊！

　　雖然恆時等引安坐百瓣蓮座中

　　卻從自性法報化身[156]四面容轉動妙法金輪

　　以十二眼目[136]勤救眾生

　　最勝的梵天啊！請作救護！

---

135 **論頌中說**　引文出自《現觀莊嚴論》。見《丹珠爾》對勘本冊49，頁29。

136 **十二眼目**　此指佛陀觀見十二分教而對眾生恆時說法的眼目。

在增上意樂的護地象[157]上

一瞬間以飲酪仙人的破立百股金剛杵[137]

無餘摧墮所有邪行的非天之胎

祈願般若波羅蜜多千眼帝釋永獲勝！

清晰闡明一切八事七十義

這樣的善說不敗尊上師言教

是為了能仁教法廣弘十方而出世

願眾生妙[158]道綻放燦爛光明！

如此的解說

為多聞妙音笑無畏金剛

在具足百喜講修增盛洲一切吉祥旋處所著

甚為善妙！

---

137 **飲酪仙人的破立百股金剛杵**　指佛教傳說中，天神為與非天作戰，向修苦行七千萬年的飲酪仙人求助，飲酪仙人便將自己的骨頭賜予眾天神，天神將之打造成無堅不摧的百股金剛杵，贈與帝釋天作為武器。此處用以比喻佛教破斥外道的破立正理。

嗡梭帝

在聖教的大地上　為了讓善緣的農夫們

受用利益安樂的收成

從吉祥右旋法苑

降下這法施甘露細雨

薩爾瓦芒嘎朗

　　大慈恩・月光國際譯經院真如老師總監，如月格西授義，2020年11月1日，主譯譯師釋如法初稿譯訖。2022年1月8日，主校譯師釋性忠初校訖。2022年1月23日，主譯譯師釋如法、主校譯師釋性忠、審義譯師釋性浩、參異譯師釋性說、審閱譯師釋性喜開始會校，至4月25日會校訖。眾校譯師妙音佛學院預一班、預科122班、142班、143班。譯場行政釋性由、釋性回、釋性賀、釋性勇、妙音佛學院、丹增喀尊。譯場檀越陳拓維、陳姿穎。

略攝八事七十義建立

ༀ༎དངོས་བརྒྱད་དོན་བདུན་ཅུའི་རྣམ་བཞག་བསྡུས་པ་བཞུགས་སོ༎

妙音笑・寶無畏王大師 造

敬禮上師與能仁王無別尊足

❀ 解說八事

在此解說八事七十義的概略論述，最初八事當中的第一者——一切相智，有其性相，因為於一剎那間無餘現證如所有、盡所有相的究竟智即是彼的緣故。其中分為證達如所有性的一切相智與證達盡所有性的一切相智二種。界限：只存在於佛地。

有第二道相智的性相，因為現證三道無諦實的智慧所攝持的大乘聖者現觀即是彼的緣故。可分為了知聲聞道的道相智、了知獨覺道的道相智與了知大乘道的道相智三種。界限：存在於大乘見道到佛地之間。

有第三基智的性相，因為現證一切事為補特伽羅無我，從這一分而安立的住小乘證類的聖者相續之智即是彼的緣故。「從這一分而安立」含攝了小乘聖者相續中證達空性的基智。可分為於果般若遠近的二種基智。界限：存在於聲聞見道到佛地之間。

有第四圓滿相加行的性相，因為修習三智行相的智慧所攝持的菩薩瑜伽即是彼的緣故。可分為一百七十三種菩薩瑜伽。界限：存在於大乘資糧道到續流後際之間。

有第五頂加行的性相，因為從緣空的修所成慧所攝持的這一分而安立，對於修習三智行相獲得自在階段的菩薩瑜伽即是彼的緣故。「從這一分而安立」含攝了聞所成。可分為加行道頂加行、見道頂加行、修道頂加行與無間頂加行，共四種。界限：存在於大乘煖位加行道到續流後際之間。

有第六漸次加行的性相，因為為了對三智行相獲得堅固而依次修習，從這一分而安立的菩薩瑜伽即是彼的緣故。可分為十三種。界限：存在於大乘資糧[159]道到續流後際之前。

有第七剎那加行的性相，因為漸次修習三智行相所生的菩薩究竟瑜伽即是彼的緣故。分為四種。界限：只存在於續流後際。

有第八果位法身的性相，因為以修習三智行相的力量所獲得的究竟功德即是彼的緣故。分為四種。界限：只安立於佛地[160]。

已解說完八事。

✿ 表徵一切相智的法

解說七十義：表徵一切相智的十法之首——發心，有其性相，因為從自因所屬的希求他利的欲樂出生，與自己的助伴緣取菩提的希欲相應，顯示為大乘道的主幹，從這一分而安立的殊勝

意的識即是彼的緣故。分為願心與行心二種。

有願心的性相，因為不需觀待修持行為的種類的發心即是彼的緣故。界限：存在於大乘下品資糧道到七地之間。有行心的性相，因為必須為六度行所直接攝持的發心即是彼的緣故。界限：存在於大乘下品資糧道到佛地之間。有勝義發心的性相，因為三種殊勝[138]俱全的大乘主要殊勝意的識即是彼的緣故。廣分則有二十二種發心。

有第二教授的性相，因為無倒開示解脫道的清淨能詮即是彼的緣故。有大乘教授的性相，因為無誤開示能獲得大乘發心所希求事的方便的清淨能詮即是彼的緣故。可分為教授的教授與教誡的教授二種。從所詮的角度分為十種[161]。界限：存在於未入道到佛地之間。

有第三大乘加行道的性相，因為於自因順解脫分圓滿後出生的大乘現觀[162]即是彼的緣故。可分為煖、頂、忍、世第一法四種。界限：存在於獲得緣著法無我的勝觀到即將獲得初地之間。

---

138 **三種殊勝**　依妙音笑大師《現觀辨析》的解釋，分別為語教殊勝——多聞；因殊勝——積集二資糧；通達殊勝——現證空性。參見《一世妙音笑大師文集》冊7，頁226。

有第四大乘正行所依自性住種姓的性相，因為既是法界，而且如果淨化了則可轉為菩提，又是作為大乘正行的所依處即是彼的緣故。可分為十三種。界限：總體而言是存在於大乘資糧道到續流後際之間；直接顯示的則是從煖位到續流後際之間。

有第五大乘正行所緣的性相，因為大乘正行的所知即是彼的緣故。可分為十一種。是成實的話遍是大乘正行所緣。

有第六大乘正行所為的性相，因為菩薩為了何種目的而趣入正行的究竟所得即是彼的緣故。可分為三種廣大。界限：只存在於佛地。

有第七鎧甲正行的性相，因為六度每一度中都完整含攝六度而修持的智慧所攝持的菩薩瑜伽即是彼的緣故。其與菩薩道同義。分為六度的六種鎧甲正行。界限：存在於菩薩資糧道到續流後際之間。

有第八趣入正行的性相，因為透過以修所成為主而隨應趣入大乘因果的所作即是彼的緣故。分為九種。界限：存在於大乘煖位加行道到續流後際之間。

有第九資糧正行的性相，因為屬於直接授與自果大菩提類別的所作即是彼的緣故。分為十七種。直接顯示的界限：存在於上

品世第一法到續流後際之間。

有第十出生正行的性相，因為無疑決定授與一切相智的清淨地菩薩瑜伽即是彼的緣故。分為八種。界限：存在於三清淨地中。

已解說完表徵一切相智的十法。

表徵道相智

表徵道相智的十一法之首——此處顯示的道相智支分，有其性相，因為能令道相智圓滿的支分所屬的菩薩功德即是彼的緣故。分為五種。界限：存在於大乘資糧道到續流後際之間。

有第二了知聲聞道的道相智的性相，因為住聲聞證類的大乘聖者相續之智即是彼的緣故。分為十六種。界限：存在於大乘見道到佛地之間。

有第三了知獨覺道的道相智的性相，因為住獨覺證類的大乘聖者相續之智即是彼的緣故。分為三種。界限同前。

有第四大乘見道的性相，因為遮除[163]有寂二邊的諦現觀即是彼的緣故。分為十六剎那。界限：只存在於見道。

有第五修道作用的性相，因為由修習大乘修道之力所獲得的

勝利即是彼的緣故。分為六種。界限：存在於初地到十地之間。

有第六大乘修道的性相，因為大乘後現觀即是彼的緣故。分為有漏修道與無漏修道二種。第一種與分別心所屬的修道同義，第二種與離分別修道同義。有漏修道有勝解、迴向、隨喜修道三種。

有勝解修道的性相，因為信解般若是三種義利生源的信心，從這一分而安立的大乘後現觀即是彼的緣故。分為二十七種。界限：存在於初地到十地之間。

有第七此處顯示的修道勝利的性相，因為諸佛與上位菩薩眾對於修持三種勝解修道的菩薩歡喜之分，以及宣說其真實功德之分，此二隨一所攝的功德即是彼的緣故。分為二十七種。界限同前。

有第八迴向修道的性相，因為能將自他善根轉成圓滿菩提支分的有漏大乘後現觀即是彼的緣故。分為十二種。

有第九隨喜修道的性相，因為歡喜自他善法的有漏大乘後現觀[164]即是彼的緣故。分為二種。

有第十大乘正行修道的性相，因為是究竟證德功效的能立，而且是無[165]漏大乘後現觀即是彼的緣故。分為五種。

有第十一清淨修道的性相，因為是究竟斷德功效的能立，而且是無漏大乘後現觀即是彼的緣故。分為九種。後面這四者的界限與勝解修道相同。

已解說完表徵道相智的十一法。

表徵基智

第三、表徵基智的九法之首——由智慧不住諸有的基智，有其性相，因為方便大悲所攝持，且現證無常等任何一者的住小乘證類的大乘聖者相續之智即是彼的緣故。分為三種。

有第二由悲心不住寂滅的道相智的性相，因為屬於能遮觀待世俗寂邊的類別的大乘聖者現觀即是彼的緣故。這二者的界限：存在於初地到佛地之間。

有第三遠於果般若之基智的性相，因為是現證無常等之智，而且遠離大悲，並為諦實執所繫縛的基智即是彼的緣故。界限：存在於小乘見道到阿羅漢果之間。

有第四鄰近果般若之基智的性相，因為殊勝方便智慧二者所攝持的住小乘證類的大乘聖者相續之智即是彼的緣故。分為三種。界限：存在於大乘見道到佛地之間。

有第五不順品基智的性相，因為不為殊勝方便智慧二者所攝持，而為諦實執所繫縛的基智[166]即是彼的緣故。支分以及界限與遠於果般若之基智相同。

有第六對治品基智的性相，因為為殊勝方便智慧二者所攝持的大乘聖者相續中的基智即是彼的緣故。支分以及界限與鄰近果般若之基智相同。

有第七此處顯示的基智加行的性相，因為對於事——世俗住相的體性與差別——顛倒耽著的對治，住小乘證類的菩薩瑜伽即是彼的緣故。界限：存在於大乘資糧道到續流後際之間。

有第八基智加行執取相平等性的性相，因為是基智加行的行相，而且能遮執著境與有境即是彼的緣故。分為四種。界限同前。

有第九見道的性相，因為遠離三十二種增益的諦現觀即是彼的緣故。分為三乘的見道三種。

已解說完表徵基智的九法。

❀ 表徵圓滿相加行

解說表徵四加行的三十六法之中，表徵圓滿相加行的十一法

之首——此處顯示的行相，有其性相，因為攝修三智加行的執取相的別相或差別即是彼的緣故。分為一百七十三種。

有第二此處顯示的加行的性相，因為於所有三智行相獲得止觀雙運的智慧所攝持的菩薩瑜伽即是彼的緣故。分為二十種。

有第三加行功德的性相，因為由修習加行之力所獲得的勝利即是彼的緣故。分為十四種。

有第四加行過失的性相，因為於加行生起、安住與轉趣超勝任何一者作阻礙的障難即是彼的緣故。分為四十六種。

有第五加行的性相，因為從加行的體性或功能的這一分而表徵的菩薩瑜伽即是彼的緣故。分為九十一種。

有第六大乘順解脫分的性相，因為於自相續中善巧修行一切相智的菩薩相續中的法現觀即是彼的緣故。分為三種。界限：只存在於資糧道。

有第七大乘順決擇分的性相，因為以殊勝方便作為差別的菩薩義現觀即是彼的緣故。分為十二種。界限：存在於獲得證空勝觀至未獲得見道之間[167]。

有第八不退轉僧的性相，因為獲得色等想退轉等任一相狀的菩薩即是彼的緣故。分為三種。界限：存在於煖位加行道到續流

後際之間。

有第九有寂平等性加行的性相，因為在後得位中也破壞諦實執現行出生之機緣的清淨地智即是彼的緣故。分為三種。

有第十嚴淨佛土加行的性相，因為成辦自己將來成佛的殊勝佛土的願等具力善根的清淨地智即是彼的緣故。分為二種。

有第十一善巧方便加行的性相，因為透過止息粗分勤功用而任運成辦事業的清淨地智即是彼的緣故。分為十種。這三種加行的界限：存在於八地到續流後際之間。

已解說完表徵圓滿相加行的十一法。

❀ 表徵頂加行

表徵頂加行的八法之首——煖位頂加行，有其性相，因為獲得夢中也能觀一切法如夢等十二種象徵任何一者，從這一分而安立的菩薩順決擇分即是彼的緣故。分為三種。

有第二頂位頂加行的性相，因為屬於圓具十六種增長福德類別的大乘第二順決擇分即是彼的緣故。分為三種。

有第三忍位頂加行的性相，因為獲得隨順三智已圓滿的智慧，與利他不壞堅固方便的第三順決擇分即是彼的緣故。分為三

種。

有第四世第一法頂加行的性相，因為由於具足能生見道之力的無邊三摩地，而獲得心遍安住的第四順決擇分即是彼的緣故。分為三種。

有第五見道頂加行的性相，因為從作為見斷諦實執的對治這一分而安立的大乘諦現觀即是彼的緣故。這與大乘見道同義。

有第六修道頂加行的性相，因為殊勝攝修三智的智慧所攝持，作為修斷分別心的對治，從這一分而安立的大乘後現觀即是彼的緣故。分為九種。界限：存在於初地到十地之間。

有第七無間頂加行的性相，因為殊勝攝修三智的無間直接出生自果一切相智的究竟加行即是彼的緣故。其與續流後際智同義。

有第八所遣邪行的性相，因為執取二諦不能攝為體性一的種子與現行任何一者即是彼的緣故。分為十六種。界限：存在於未入道到不淨七地之間。

已解說完表徵頂加行的八法。

⚜ 表徵漸次加行

有表徵漸次加行的十三法，因為有從布施到般若之間六種；佛、法、僧、捨、天、戒隨念六種以及無性自性漸次加行，共十三種的緣故。界限：存在於資糧道到剎那加行之前。

已解說完表徵漸次加行的十三法。

⚜ 表徵剎那加行

表徵剎那加行的四法之首——非異熟剎那加行，有其性相，因為從非異熟的無漏布施到八十種隨形好之間的功德種類，皆能於一剎那間證得的菩薩究竟瑜伽即是彼的緣故。

有第二異熟剎那加行的性相，因為從異熟的無漏布施等到八十種隨形好之間的功德種類，皆能於一剎那間證得的菩薩究竟瑜伽即是彼的緣故。

有第三無相剎那加行的性相，因為能於一剎那間現證施等一切法諦實空，從這一分而安立的菩薩究竟瑜伽即是彼的緣故。

有第四無二剎那加行的性相，因為能於一剎那間現證一切法為能取所取實質異不成立[168]，從這一分而安立的菩薩究竟瑜伽

即是彼的緣故。這四者是是等遍，因為是體性一，而從反體異的角度區分的緣故。

已解說完表徵剎那加行的四法。

❀ 表徵法身

表徵果位法身四法之首——自性法身，有其性相，因為具足二種清淨的究竟界即是彼的緣故。分為二種。

有第二智慧法身的性相，因為現見如所有、盡所有一切法的究竟智即是彼的緣故。其與一切相智同義。可分為二十一類無漏智。

有第三報身的性相，因為從五種決定這一分而安立的究竟色身即是彼的緣故。

有第四化身[169]的性相，因為從不具足五種決定這一分而安立的究竟色身即是彼的緣故。可分為生化身、工巧化身與殊勝化身[170]，共三種。

已解說完表徵法身的四法。

如是便已圓滿八事七十義的論述。

有佛陀事業的性相，因為從自因智慧法身的增上緣所出生的白淨功德即是彼的緣故。分為二十七種。界限：存在於未入道到佛地之間。

所知有法，有佛陀事業趣入所化機相續的方式，因為隨應各自的機緣，乃至輪迴未空都相續不斷、如同如意寶珠般無勞任運而轉的緣故。

這是依照顯揚聖教的正士恰甘帝延契的化身仁波切所勸請，大德寶無畏王所撰。

薩爾瓦芒嘎朗。

大慈恩・月光國際譯經院真如老師總監，如月格西授義，2021年3月24日，主譯譯師釋如法初稿譯訖。2022年12月24日，主校譯師釋性忠初校訖。2023年6月1日，主譯譯師釋如法、主校譯師釋性忠、審義譯師釋性浩、參異譯師釋性說開始會校，至6月4日會校訖。眾校譯師妙音佛學院預一班、預科122班、142班、143班。譯場行政釋性由、釋性回、釋性賀、釋性勇、妙音佛學院、丹增喀尊。譯場檀越釋性潤、廖美惠闔家。

真實詮說三智一百七十三行相之自性‧善說白蓮蔓

༄༅།།མཁྱེན་གསུམ་གྱི་རྣམ་པ་བརྒྱ་དང་དོན་གསུམ་གྱི་རང་བཞིན་
ཡང་དག་པར་བརྗོད་པ་ལེགས་བཤད་པདྨ་དཀར་པོའི་འཕྲེ་ཤིང་
ཞེས་བྱ་བ་བཞུགས་སོ།།

妙音笑‧寶無畏王大師 造

● 皈敬頌與經中顯示的道理

智相蒼穹宛若舞女的奪目身姿

義相日月的光暈耳環佩戴成雙

加行相星宿綻放出和煦輝光

善於以此召喚四身摯友　於彼至誠禮敬[139]

雖然希冀擷取般若奧義如意寶

卻由於見到文辭汪洋而倦怠

為了令這些劣慧凡夫順易地趣入[171]

所以將惠贈這艘言簡義明的口訣輕舟

如是，以皈敬與立誓造論作為前行，接著將概略地詮說三智一百七十三種行相的論述。

---

139 **善於以此召喚四身摯友　於彼至誠禮敬**　此偈將智相、義相、加行相作了兩重譬喻。第一重為智相的星空中，義相日月雙重光暈環抱，加行相的星宿散發著光芒。第二重為智相美女奪人眼目，佩戴著義相的耳環，綻放著加行相的盈盈笑顏。

　　所以在此分為三科[172]：一、經中開示的道理；二、論典收攝的道理；三、抉擇行相的自性。

　　第一科：《般若經》中說[140]：「善現啟白道：『世尊，此般若波羅蜜多是無有波羅蜜多[141]。』佛陀開示道：『善現，因為虛空不存在的緣故。』」乃至「善現啟白道：『世尊，此般若波羅蜜多是不動轉波羅蜜多。』佛陀開示道：『善現，因為安住法界的緣故。』」這之間宣說了二十七種基智行相。

　　「『此般若波羅蜜多是離貪欲波羅蜜多。』佛陀開示道：『因為貪欲無所得的緣故。』」乃至「『此般若波羅蜜多是無性自性空波羅蜜多。』佛陀開示道：『因為無性自性空無所得的緣故。』」這之間宣說了三十六種道相智行相。

---

140 **《般若經》中說**　此段蓋取其大意，非錄原文。參見《般若經》第二會〈不可得品〉第四十二品，《大正藏》冊7，頁202；《丹珠爾》對勘本冊50，頁1234。

141 **無有波羅蜜多**　此段的相關漢譯《般若經》，鳩摩羅什大師所譯《摩訶般若波羅蜜經》作「無邊波羅蜜」；玄奘大師所譯《大般若波羅蜜多經》作「無邊波羅蜜多」，然《金鬘論》與《心要莊嚴疏》所引藏文《般若經》文，則皆作「無有波羅蜜多」。此處相對應之《現觀莊嚴論》藏文亦作：「始從無有相」，法尊法師直接漢譯作「始從無邊相」，蓋依循漢傳古譯。今此處依藏文原典直譯為：「無有波羅蜜多」。參見《大正藏》冊7，頁202；冊8，頁278；《丹珠爾》對勘本冊50，頁1234；冊49，頁15；《宗喀巴大師文集》對勘本冊18，頁7；《賈曹傑大師文集》對勘本冊2，頁294；《法尊法師全集》冊1，頁61（楊德能、胡繼歐主編，北京：中國藏學出版社，2017）。

「『此般若波羅蜜多是念住波羅蜜多。』佛陀開示道：『因為身、受、心、法都不可得的緣故。』」乃至「『此般若波羅蜜多是佛波羅蜜多。』佛陀開示道：『因為於一切法現等覺一切行相的緣故。』」這之間宣說了一百一十種一切相智行相。

這些段落都是由善現立宗：「此般若波羅蜜多是如是如是波羅蜜多」後，如來開示其原因。

二十七種基智行相與三十六種道相智行相，有與其數量相等的立宗以及其道理或原因的經文；一切相智行相中[142]，三十七菩提分法有七段經文，八解脫有一段經文，九次第定[143]一段，能斷

---

142 **一切相智行相中**　依下文所列，一切相智行相共有三十段經文。然玄奘大師所譯《大般若波羅蜜多經》中，三十七覺分有七段，三解脫門三段，八解脫一段，九次第定一段，六度六段，十力一段，四無所畏一段，四無礙解一段，四無量一段，十八佛不共法一段，真如性、自然、佛智相三段，共二十六段，比藏譯少四段。相應段落參見《般若經》第二會〈不可得品〉第四十二品，《大正藏》冊7，頁203。《丹珠爾》對勘本冊50，頁1243。

143 **九次第定**　相應段落玄奘大師譯《大般若波羅蜜多經》：「九次第定者，謂菩薩摩訶薩離欲惡不善法，有尋有伺，離生喜樂，初靜慮具足住，是第一次第定。尋伺寂靜，內等淨，心一趣性，無尋無伺，定生喜樂，第二靜慮具足住，是第二次第定。離喜住捨，正念正知，身受樂，聖說應捨，具念樂住，第三靜慮具足住，是第三次第定。斷樂斷苦，先喜憂沒，不苦不樂，捨念清淨，第四靜慮具足住，是第四次第定。超一切色想，滅有對想，不思惟種種想，入無邊空，空無邊處定具足住，是第五次第定。如是乃至超一切非想非非想處，入滅想受定具足住，是第九次第定。」見《大正藏》冊7，頁375；《丹珠爾》對勘本冊51，頁581。

道一段，對治道三段；十種佛道[173]各一，共十段；十力一段，四無所畏一段，四無礙解一段，十八佛不共法一段；真如性、自然與如來智相三者各一段，共三段。總計九十六段經文[144]。

有人承許「善現宣說了智相，而如來則宣說義相」，其他人則有與此相反的說法。這都不合理，因為善現與如來都隨應宣說了義相與智相的緣故。譬如善現所說「無有」即是由字面顯示義相[174]，「波羅蜜多」則是由字面顯示智相；如來說道：「因為虛空[175]不存在的緣故」，這句直接顯示無有常法的義相，而間接顯示證達彼的智相[176]。「因為虛空不存在的緣故」的意涵，也是指諸有為沒有「虛空自性的常法體性」[177]的意涵。這僅僅是舉例，詳細內容必須透過《般若波羅蜜多經》及其釋論當中了知；只在沉迷於應成鬘當中，什麼也達不到。

---

144 **總計九十六段經文**　原文如此。然按照上文所列，基智行相有二十七段，道相智行相有三十六段，一切相智行相共見三十段，總計應為九十三段經文。

❁ 論典收攝的道理

　　第二科、論典收攝的道理^[178]：本《現觀莊嚴論》的主體論述中¹⁴⁵「行相諸加行」僅僅提到行相的體性，而從支分的角度詳盡闡述行相時，則宣說了下列這些偈頌。其中「一切智差別」等一偈¹⁴⁶概略說明三智行相後，「始從無邊相」乃至「卅四三十九」之間的四偈¹⁴⁷則詳盡地闡述^[179]。

　　在概略說明時直接顯示智相而間接顯示義相；在詳盡闡述時則反過來顯示。這是哲¹⁴⁸與阿爾¹⁴⁹二位先輩智者，以及至尊一切智智父子^[180]的主張。

　　另外，直接提及了基智與一切相智行相的經文範圍，對道相智卻未直接提及，其意趣是掌握了首尾的基智與一切相智，便容

145　**《現觀莊嚴論》的主體論述中**　引文見《現觀莊嚴論》頁《丹珠爾》對勘本冊49，頁4。

146　**其中「一切智差別」等一偈**　引文出自《現觀莊嚴論》。見《丹珠爾》對勘本冊49，頁15。

147　**「始從無邊相」乃至「卅四三十九」之間的四偈**　引文出自《現觀莊嚴論》。見《丹珠爾》對勘本冊49，頁15。

148　**哲**　哲，即指大哲慧熾，為俄覺慧譯師四位主要弟子之一。

149　**阿爾**　全名阿爾菩提智（約11世紀後期～12世紀中期），為大哲慧熾的弟子，俄覺慧譯師的法脈主要繼承者，在西藏弘傳《現觀莊嚴論》法流的大善巧者。

易了解中間三十六段是道相智行相。不過「始從離貪欲，乃至空性相」這一段是從意涵上得知的[150]。

❀ 總體義

第三科、抉擇行相的自性，分為二科：一、總體義；二、支分義。第一科分為三科：一、行相的自性；二、如何修習行相的道理；三、對於修習方式的斷諍。

第一科：如同《明顯句疏》中說[151]：「行相即是別相，顯示佛地等等所有一切諸法別相。」亦即從色乃至一切相智之間所有染汙與清淨法的差別[152]。因此，雖然是成實的話遍是行相[181]，

---

150 **是從意涵上得知的** 前述二句偈文實未見於《現觀莊嚴論》，而是本論作者取論文之義融裁而成，故說是從意涵上得知，非論文字面可見。

151 **如同《明顯句疏》中說** 《明顯句疏》，般若部論典，全名《般若波羅蜜多口訣現觀莊嚴論釋·明顯句疏》，共8品，法友論師著，尚無漢譯。本論主要解釋獅子賢論師所造《顯明義釋》的詞義。引文見《丹珠爾》對勘本冊52，頁853。

152 **色乃至一切相智之間所有染汙與清淨法的差別** 《十萬頌般若經》中以大量詞句闡述義理，將諸法分劃為一百零八句法而作開演。一百零八句法又分為染汙法與清淨法二大類，前者有色等五蘊、眼等六根、色等六境、眼識等六識、眼觸等六觸、眼觸所生受等六種受、地等六界、無明等十二緣起，共五十三句法；後者有布施等六度、內空等十八空、四念住、四正斷、四神足、五根、五力、七等覺支、八聖道支、四聖諦、四靜慮、四無量、四無色定、八解脫、九次第定、三解脫門、六神通、四三摩地、四陀羅尼門、十力、四無所畏、四無礙解、大慈、大悲、十八佛不

但是此處的行相，並不是單純的總體行相，而是指圓滿相加行所修的三智行相。

其中有存在於所證四諦與能證者三智的二種法的差別，前者是成業相，後者是成作相，這二者依次命名為「義相」與「智相」。

雖然一般而言，是行相的話遍是義相，但是觀待於一個覺知則不周遍。因為安立證達苦諦無常的基智本身為此基智行相，而且必須安立苦諦無常為其義相的緣故。

另外，此處的行相有很多種，因為有苦諦無常等等一百七十三種義相、證達[182]苦諦為無常的基智等等一百七十三種智相，以及證達三智一百七十三種執取相的一百七十三種菩薩加行智相的緣故。

第二科：就像所謂「修習無常與空性」一般，作為執取相境而修習；以及如同修習悲心與慈心等等，生為該覺知的體性而修習，有這二種方式。

共法、預流、一來、不還、阿羅漢、獨覺、一切智、道相智、一切相智。除六波羅蜜多與十八空各計六與十八，其餘各算一組，共五十五句法。參見《宗喀巴大師文集》冊17，頁68；《一世妙音笑大師文集》冊3，頁569。

第三科：有人說：「在資糧道中不可能修習不共的一切相智行相，因為修習的意涵必須是指該能修的覺知生為所修的體性的緣故。」某些部分的所修雖然是如此，但是周遍並不決定，因為有勝解作意的修持、如其體性而生起的修持、隨觀性相的修持與願行相的修持，共四種菩薩修行方式的緣故。

第一種：在相續中無法如實生起該所修的性相，僅生起隨順品，例如在資糧道中修持五根。

第二種：在相續中如實生起該所修覺知的性相，例如在資糧道中修持念住。

第三種：對於高深的所得法，各別作[183]意其性相如是如是，並以智慧隨順觀擇，例如在資糧道中作意順決擇分的性相。

第四種：希願而作意「唯願獲得如是如是所得果位」。

所以透過這四種修持方式任一，即使在資糧道中也有修持一百一十種一切相智行相的方式，因為三十七與三十四種共通行相，在七地以下雖然無法如其性相而生起[184]，但是能生起單純隨順的證類，所以是以勝解作意隨順修持。至於三十九種不共行相，因為就連隨順品都無法生起，所以是以隨觀性相與發願的方式修持。由於八地以上才會獲得隨順的力等，因此是以勝解作意

的方式修持，所以沒有在資糧道中無法修持一切相智的過失。基智與道相智這二者，在信解行位的時候，一樣也是透過勝解作意，以及隨觀性相的方式隨應修持，而在登地之後就是以如其體性而生起的方式而修持。如果善於證達這樣的關鍵，也能遮止「在有學位中沒有修持一切相智的覺知」的說法。

❀ 解說二十七種基智行相

第二科、支分義，分為二科：一、廣說；二、攝義。

第一科分為三科：一、解說二十七種基智行相；二、解說三十六種道相智行相；三、解說一百一十種一切相智行相。

第一科分為二科：一、正說支分；二、關於道的行相的決疑。

第一科：此處，在義相與智相二者當中，二十七種基智義相，就如「三諦各有四」[153]所說，無常、苦、空、無我四者，因、集、生、緣四者，滅、靜、妙、離四者，即是前三諦的十二種行相；道諦的行相，則如「道中說十五」[185]所說[154]，即對治

---

153 「三諦各有四」　引文出自《現觀莊嚴論》。見《丹珠爾》對勘本冊49，頁15。

154 「道中說十五」所說　引文出自《現觀莊嚴論》。見《丹珠爾》對勘本冊49，頁15。

煩惱障的四種無漏見道，對治所知障的五種有漏修道，及對治所知障的六種無漏見道。

前四者存在，因為取捨者能獨立的實有空、知者補特伽羅無我、由下位證德晉升至上位者的補特伽羅無我，以及調伏煩惱者的補特伽羅無我，現證這四種細分補特伽羅無我的無漏見道所屬的四種基智，依次安立為道、如、行、出這四者。

第二種：色等雖然外境不成立，但是卻如夢境般顯現為外境；色等雖然無外境成立的生，但是卻如回響般顯現為外境；色[186]等雖然無外境成立的滅，但是卻如光影般顯現為外境；色等雖然是外境成立的本來寂靜，但是卻如陽焰般顯現為外境；以及色等雖然是外境成立的自性涅槃，但是卻如幻化般顯現為外境。有以義共相的方式證達這五種能取所取二空如幻的五種有漏修道所屬的基智。

第三種：有對治所知障的六種無漏見道，即貪等染汙法外境成立空、信等清淨法外境空、心的自性不被外境障礙濁垢所染汙、色等無外境成立的支分戲論、在已經獲得證德時沒有執著為外境的分別心耽著境，以及獲得證德後沒有外境成立的退失[187]，現證這六種外境空的六種無漏見道基智。

智相即是將彼等作為執取相境的二十七種基智。

對於後十五種基智的義相,有人安立的是細分補特伽羅無我等等,但是我的善知識主張彼遍是道諦。

第二科、決疑,分為四科:

第一科: 在十五種道諦行相當中,安立前四種為煩惱障的對治,其餘十一種為所知障的對治,其原因為何?由於無作者等四者是具有補特伽羅無我的行相,而這四者就是道、如、行、出四者,且補特伽羅我執是煩惱障的因,而證達無常等十六種行相的道也被劃分為煩惱障的對治,因此前者是煩惱障的對治。至於其餘的十一種,由於必須顯示這些道的行相為諸障的對治,而煩惱障的對治[188]又已顯示過了,所以是以別無選擇的正理安立為所知障的對治。

第二科: 關於此處的有漏無漏,由於後得智是以諦實空如幻的非遮為行相的耽著識,所以安立為有漏;由於等引無分別智是以無遮為行相,所以安立為無漏。

第三科: 將對治粗分[189]所知障的見道安立為無漏,而將其修道安立為有漏,有其原因,因為見道主要是不間斷生起的等引,且時間短暫,所以安立為無漏;修道則是等引後得交替生

起，而且時間長久，所以安立為有漏。

第四科：於所知障安立二種對治，於煩惱障卻只安立一種對治，是因為所知障難以斷除，所以安立有漏與無漏二種；煩惱障容易斷除，所以唯獨安立無漏[190]。

◈ 解說三十六種道相智行相

第二科、解說三十六種道相智行相，分為二科：一、正說支分；二、關於集諦的決疑。

第一科：如同提到「於因道及苦，滅中如次第[191]，說彼有八七[192]，五及十六相」155，在四諦的最初——集諦當中，愛著未來境的欲求、愛著現在蘊體的貪欲、喜愛後有的愛，這三者是因的行相；補特伽羅我執所屬的貪、瞋與無明三者是集的行相；執取「為補特伽羅能獨立的實有成立的常、樂、我、淨」的煩惱是生的行相；執取「自主——能獨立[193]的實有有情」的煩惱是緣的行相。以上八者為義相，證達[194]彼等的耽著境不存在的八種菩薩見道，則安立為對治——道相智的智相。

---

155 「於因道及苦，滅中如次第，說彼有八七，五及十六相」　引文出自《現觀莊嚴論》。見《丹珠爾》對勘本冊49，頁15。

第二，在道諦中，開啟無量有情解脫機緣的道諦是道的行相；為何是道的行相？因為是與有寂二邊無係屬而開啟解脫機緣的菩薩道諦。現證一切法於諦實空中無異的道諦是如的行相；為何是如的行相？因為是不執取聲聞獨覺道為超勝而現證離戲論的菩薩道諦。現證一切法無諦實的道諦是行的行相；為何是行的行相？因為是現證一切法於勝義中非量所量的菩薩道諦。現證一切法於勝義中無貪的正智是出的行相。有這七種現證空性的菩薩智。

經中從立宗與道理的角度解說道諦，而對於道諦的前三種行相都解說立宗與原因二者，至於出的行相卻只解說立宗，這是觀待所化機當時的想法而已，並非沒有原因。

第三，在苦諦中，有無常等四者與勝義無，共五種。前四者是自相，後者是共相。

第四，在滅諦中，總體而言有十六種空性：眼等五根無諦實——內空；外在的色聲等無諦實——外空；根依體無諦實——內外空；空性無諦實——空空；十方無諦實——大空；涅槃無諦實——勝義空；有為無諦實——有為空；無為無諦實——無為空；遠離斷常二邊無諦實——無際空；輪迴無始終諦實不成

立——畢竟空；取捨無諦實——無散空；自性無諦實——本性空；一切有為無為法無諦實——一切法空；變礙無諦實——自相空；三時無諦實——不可得空；以及無實事的體性諦實不成立——無性自性空，共十六種。

將根依體同時稱為「內外」，有其原因，因為被心續所攝持，所以安立為內；未被根所含攝，所以安立為外的緣故。將十方稱為「大」，有其原因，因為遍佈於一切情、器世間的緣故。將三時稱為「不可得」，有其原因，因為在任何時候，三時同時聚集皆不可得的緣故。其他容易理解。

此處顯示的十六種空性：斷除執取眼等內法為諦實的見斷諦實執的滅諦，其上的法性就是此處顯示的內空；斷除執取外法為諦實的遍計諦實執或見斷的滅諦，其上的法性就是此處顯示的外空，應該以這樣的道理同理推知餘下的諸多空性。

所以此處顯示的十六種空性任何一者都遍是內空，因為這樣的空依事遍是內法滅諦的緣故。

如此一來，現證集的八種行相耽著境不存在的八種菩薩智，以及將後三諦的二十八種行相作為執取相境的二十八種菩薩智，就是三十六種道相智行相。

第二科、決疑：有人說：「在集的行相的段落中提到補特伽羅我執所屬的瞋恚，這並不合理，因為補特伽羅我執必須是無記，而瞋恚必須是不善的緣故。」對此，具德吉祥果芒僧院[156]的口傳當中，依據《俱舍論》所說[157]：「上二界隨眠，及欲身邊見，彼俱癡無記」，進而承許「我執遍是無記，並且不可能有其所屬的瞋恚」。但是發現遍智上師在《色無色廣論》[158]與《緣起

---

156 **具德吉祥果芒僧院** 哲蚌寺一僧院，主要學習妙音笑大師的教材，僧人主要來自安多及蒙古。

157 **《俱舍論》所說** 擷取七部對法論要義的攝頌，又名《阿毗達磨俱舍論本頌》，共8品，世親菩薩著。漢譯本有陳真諦三藏譯《阿毗達磨俱舍釋論》22卷；唐玄奘大師譯《阿毗達磨俱舍論本頌》1卷，共二種。此論收攝七部對法及《大毗婆沙論》之要義，主要闡述四諦之宗見及共中、共下士道之所緣法類，為顯教五部大論之一。引文陳真諦三藏譯《阿毗達磨俱舍釋論》作：「上界惑無記，於欲界身見，邊見共無明。」唐玄奘大師譯《阿毗達磨俱舍論本頌》作：「上二界隨眠，及欲身邊見，彼俱癡無記。」見《大正藏》冊29，頁256、102；《丹珠爾》對勘本冊79，頁37。

158 **遍智上師在《色無色廣論》** 遍智上師指一世妙音笑大師語王精進（དག་དབང་བཙུན་འགྲུས）。《色無色廣論》，現觀相關論典，妙音笑大師著，尚無漢譯。妙音笑大師，哲蚌寺果芒僧院（འབྲས་སྤུངས་སྒོ་མང་གྲྭ་ཚང）教材主要作者（公元1648～1721）。出生於多麥的甘加當讓（ཀན་གྱི་གྲི་ཤིང་རིང），幼年夢見金剛手菩薩賜予永作守護的加持，13歲出家，16歲起晚上不臥睡，勤修唸誦。21歲入果芒僧院學習五大論，刻苦勤學，以對經論深廣的智慧著稱，備受眾多善知識愛護。29歲研習密續。33歲於格佩山（རི་བོ་དགེ་འཕེལ）閉關靜修，期間求得極希有的耳傳教授，成為此教授的傳承祖師，也為其具緣弟子說法，宣說菩提道次第多達五十遍，並開始撰寫五部大論註疏等相關著作。53歲被請為哲蚌寺果芒僧院住持，五年間培育出的格西遍及各地，從此其論述成為果芒學派主要教材。62歲赴甘肅省南部興建拉卜楞寺（བླ་བྲང

未竟篇》[159]中卻都提到有與瞋恚相應的補特伽羅我執，且與此處相應段落的《心要莊嚴疏》較為契合[160]，所以心想，或許後面這種說法比較善妙。諸具慧者應當斷除偏執，詳細觀擇。

◈ 解說一百一十種一切相智行相

第三科、解說一百一十種一切相智行相，分為二科：一、正說支分；二、決疑。

第一科：「始從四念住，究竟諸佛相，道諦隨順中，由三智分別，弟子及菩薩，諸佛如次第，許為三十七，卅四三十九。」[161]

བཀྲ་ཤིས་འཁྱིལ）），成為格魯六大寺之一，世壽74。本論詳細解釋九住心等生起奢摩他的方便，區分止觀二者，以及生起初禪等的七種作意、四禪等等差別。傳記參見《東噶藏學大辭典》，頁62（東噶・洛桑赤烈編，北京：中國藏學出版社，2009，以下簡稱《東噶辭典》）；《第一世嘉木樣尊者傳》（貢去呼久美旺波著，楊世宏譯，臺北市：圓音有聲出版股份有限公司，2007）。相應段落參見《一世妙音笑大師文集》冊13，頁258。

159 **《緣起未竟篇》** 《緣起未竟篇》，現觀相關論典，妙音笑大師著，尚無漢譯。本論由於沒有著作完，因此只有廣泛闡述十二緣起的無明、行兩支的內容。相應段落參見《一世妙音笑大師文集》冊12，頁312。

160 **此處相應段落的《心要莊嚴疏》較為契合** 相應段落參見《賈曹傑大師文集》冊2，頁300。

161 **「始從四念住，究竟諸佛相，道諦隨順中，由三智分別，弟子及菩薩，諸佛如次第，許為三十七，卅四三十九。」** 引文出自《現觀莊嚴論》。見《丹珠爾》對勘

依照此文而解說，**分為二科：****共通行相；****不共行相。**

　　第一科：自己所隸屬的種類，而真實的該種類存在於下位聖者相續當中的一切相智，這是共通的一切相智行相的性相。其中分為：隨順於聲聞獨覺所具有的共通行相，與隨順於菩薩所具有的共通行相二種。

　　前者當中有三十七種究竟的基智行相，因為有七組的緣故。

　　有第一組，因為身、受、心、法四念住¹⁶²即是彼的緣故。

　　有第二組，因為已生不善令斷、未生者令不生；已生善法令增廣，以及未生者令生等四正斷¹⁶³即是彼的緣故。

　　本冊49，頁15。

162 **四念住**　相應段落玄奘大師譯《大般若波羅蜜多經》：「菩薩摩訶薩大乘相者，謂四念住。云何為四？一、身念住。二、受念住。三、心念住。四、法念住。身念住者，謂菩薩摩訶薩修行般若波羅蜜多時，以無所得而為方便，雖於內身住循身觀，或於外身住循身觀，或於內外身住循身觀，而永不起身俱尋思，熾然精進，正知具念，調伏貪愛。受念住者，謂菩薩摩訶薩修行般若波羅蜜多時，以無所得而為方便，雖於內受住循受觀，或於外受住循受觀，或於內外受住循受觀，而永不起受俱尋思，熾然精進，正知具念，調伏貪憂。心念住者，謂菩薩摩訶薩修行般若波羅蜜多時，以無所得而為方便，雖於內心住循心觀，或於外心住循心觀，或於內外心住循心觀，而永不起心俱尋思，熾然精進，正知具念，調伏貪憂。法念住者，謂菩薩摩訶薩修行般若波羅蜜多時，以無所得而為方便，雖於內法住循法觀，或於外法住循法觀，或於內外法住循法觀，而永不起法俱尋思，熾然精進，正知具念，調伏貪愛。」見《大正藏》冊7，頁77；《丹珠爾》對勘本冊50，頁550。

163 **四正斷**　相應段落玄奘大師譯《大般若波羅蜜多經》：「若菩薩摩訶薩修行般若波

有第三組，因為欲、心、勤、觀四種神足¹⁶⁴即是彼的緣故。

有第四組，因為信、進、念、定、慧五根¹⁶⁵即是彼的緣故。

有第五組，因為信、進、念、定、慧五力¹⁶⁶即是彼的緣故。

有第六組，因為念、擇法、精進、喜^[195]、輕安、定與平等

羅蜜多時，以無所得而為方便，於諸未生惡不善法為不生故，生欲策勵，發起正勤，策心持心，是為第一。若菩薩摩訶薩修行般若波羅蜜多時，以無所得而為方便，於諸已生惡不善法為永斷故，生欲策勵，發起正勤，策心持心，是為第二。若菩薩摩訶薩修行般若波羅蜜多時，以無所得而為方便，未生善法為令生故，生欲策勵，發起正勤，策心持心，是為第三。若菩薩摩訶薩修行般若波羅蜜多時，以無所得而為方便，已生善法為令安住不忘增廣倍修滿故，生欲策勵，發起正勤，策心持心，是為第四。」見《大正藏》冊7，頁79；《丹珠爾》對勘本冊50，頁561。

164 **四種神足** 相應段落玄奘大師譯《大般若波羅蜜多經》：「若菩薩摩訶薩修行般若波羅蜜多時，以無所得而為方便，修欲三摩地斷行成就神足，依離、依無染、依滅、迴向捨，是為第一。若菩薩摩訶薩修行般若波羅蜜多時，以無所得而為方便，修勤三摩地斷行成就神足，依離、依無染、依滅、迴向捨，是為第二。若菩薩摩訶薩修行般若波羅蜜多時，以無所得而為方便，修心三摩地斷行成就神足，依離、依無染、依滅、迴向捨，是為第三。若菩薩摩訶薩修行般若波羅蜜多時，以無所得而為方便，修觀三摩地斷行成就神足，依離、依無染、依滅、迴向捨，是為第四。」見《大正藏》冊7，頁79；《丹珠爾》對勘本冊50，頁561。

165 **五根** 相應段落玄奘大師譯《大般若波羅蜜多經》：「菩薩摩訶薩大乘相者，謂五根。云何為五？善現！若菩薩摩訶薩修行般若波羅蜜多時，以無所得而為方便，所修信根、精進根、念根、定根、慧根。」見《大正藏》冊7，頁79；《丹珠爾》對勘本冊50，頁562。

166 **五力** 相應段落玄奘大師譯《大般若波羅蜜多經》：「菩薩摩訶薩大乘相者，謂五力。云何為五？善現！若菩薩摩訶薩修行般若波羅蜜多時，以無所得而為方便，所修信力、精進力、念力、定力、慧力。」見《大正藏》冊7，頁80；《丹珠爾》對勘本冊50，頁562。

捨等七等覺支[167]即是彼的緣故。

　　有第七組，因為正見、正思惟、正語、正業、正命、正精勤、正念與正定等八聖道支[168]即是彼的緣故。

　　第二：有三十四種與菩薩共通的行相，因為證達苦諦的特法——空、無我二者的彼為一、空解脫門[169]，證達滅、道的八種特法的彼為二、無相解脫門[170]，以及證達苦、集剩餘的六種特法的彼為三、無願解脫門[171]；四、有色觀色解脫、五、無色觀色解

---

167 **七等覺知**　相應段落玄奘大師譯《大般若波羅蜜多經》：「菩薩摩訶薩大乘相者，謂七等覺支。云何為七？善現！若菩薩摩訶薩修行般若波羅蜜多時，以無所得而為方便，所修念等覺支、擇法等覺支、精進等覺支、喜等覺支、輕安等覺支、定等覺支、捨等覺支，依離、依無染、依滅、迴向捨。」見《大正藏》冊7，頁80；《丹珠爾》對勘本冊50，頁563。

168 **八聖道支**　相應段落玄奘大師譯《大般若波羅蜜多經》：「菩薩摩訶薩大乘相者，謂八聖道支。云何為八？善現！若菩薩摩訶薩修行般若波羅蜜多時，以無所得而為方便，所修正見、正思惟、正語、正業、正命、正精進、正念、正定，依離、依無染、依滅、迴向捨。」見《大正藏》冊7，頁80；《丹珠爾》對勘本冊50，頁563。

169 **空解脫門**　相應段落玄奘大師譯《大般若波羅蜜多經》：「菩薩摩訶薩空、無相、無願解脫門。云何空解脫門？謂菩薩摩訶薩以空、無我行相攝心一趣，是名空解脫門。」見《大正藏》冊7，頁375；《丹珠爾》對勘本冊50，頁564。

170 **無相解脫門**　相應段落玄奘大師譯《大般若波羅蜜多經》：「云何無相解脫門？謂菩薩摩訶薩以滅、寂靜行相攝心一趣，是名無相解脫門。」見《大正藏》冊7，頁375；《丹珠爾》對勘本冊50，頁564。

171 **無願解脫門**　相應段落玄奘大師譯《大般若波羅蜜多經》：「云何無願解脫門？謂菩薩摩訶薩以苦、無常行相攝心一趣，是名無願解脫門。」見《大正藏》冊7，頁

脫、六、淨色解脫、七~十、四種無色解脫、十一、滅解脫等八者[172]；十二~十九、靜慮無色八定加上二十、滅盡定，為九次第定；四諦的有境——二十一~二十四、四種法忍無間道[173]；二十五~三十四、布施[196]等十種波羅蜜多[174]，共有三十四種。

第三科、一百一十種[175]不共的一切相智行相：其中十力[176]是

375；《丹珠爾》對勘本冊50，頁564。

172 **滅解脫等八者** 相應段落玄奘大師譯《大般若波羅蜜多經》：「八解脫者，謂菩薩摩訶薩有色觀諸色，是第一解脫。內無色想觀外諸色，是第二解脫。淨勝解身作證，是第三解脫。超一切色想，滅有對想，不思惟種種想，入無邊空，空無邊處定具足住，是第四解脫。超一切空無邊處，入無邊識，識無邊處定具足住，是第五解脫。超一切識無邊處，入無少所有，無所有處定具足住，是第六解脫。超一切無所有處，入非想非非想處定具足住，是第七解脫。超一切非想非非想處，入滅想受定具足住，是第八解脫。」見《大正藏》冊7，頁375；《丹珠爾》對勘本冊51，頁580。

173 **四種法忍無間道** 相應段落玄奘大師譯《大般若波羅蜜多經》：「四聖諦智者，謂菩薩摩訶薩苦智、集智、滅智、道智，是名四聖諦智。」見《大正藏》冊7，頁375；《丹珠爾》對勘本冊50，頁1245。

174 **布施等十種波羅蜜多** 相應段落玄奘大師譯《大般若波羅蜜多經》：「波羅蜜多者，謂菩薩摩訶薩布施、淨戒、安忍、精進、靜慮、般若、方便善巧、妙願、力、智波羅蜜多，是名波羅蜜多。」見《大正藏》冊7，頁375；《丹珠爾》對勘本冊50，頁1245。

175 **一百一十種** 原文如此，然依前後文推斷，應為三十九種。

176 **十力** 相應段落玄奘大師譯《大般若波羅蜜多經》：「如來十力者，若諸如來、應、正等覺，於是處如實知是處，於非處如實知非處，是第一力。若諸如來、應、正等覺，於諸有情過去、未來、現在諸業及諸法受處因異熟皆如實知，是第二力。

指：處非處智力、業異熟智力、種種勝解智力、世間界智力、根勝劣次第智力、遍趣行智力、雜染清淨智力、宿住隨念智力、生死智力與漏盡力。

四無所畏[177]是指：承許[197]自己斷德圓滿而無所畏、承許自

若諸如來、應、正等覺，於諸世間非一種種諸界差別皆如實知，是第三力。若諸如來、應、正等覺，於諸世間非一種種勝解差別尋伺有異皆如實知，是第四力。若諸如來、應、正等覺，於諸有情補特伽羅諸根勝劣皆如實知，是第五力。若諸如來、應、正等覺，於遍趣行皆如實知，是第六力。若諸如來、應、正等覺，普於一切靜慮、解脫、等持、等至、雜染、清淨、安立差別皆如實知，是第七力。若諸如來、應、正等覺，以淨天眼超過於人，見諸有情死時生時諸善惡事，如是有情因身語意三種惡行、因諸邪見、因謗賢聖墮諸惡趣，如是有情因身語意三種妙行、因諸正見、因讚賢聖生諸善趣；復以天眼清淨過人，見諸有情死時生時好色惡色，從此復生善趣惡趣，於諸有情隨業勢力生善惡趣皆如實知，是第八力。若諸如來、應、正等覺，於諸有情過去無量諸宿住事，或一生、或十生、或百生、或千生、或無量生、或一劫、或十劫、或百劫、或千劫、或無量劫，所有諸行、諸說、諸相皆如實知，是第九力。若諸如來、應、正等覺，於諸漏盡無漏心解脫、無漏慧解脫皆如實知，於自漏盡真解脫法，自證通慧具足而住，如實覺受：我生已盡，梵行已立，所作已辦，不受後有，是第十力。如是名為如來十力。」見《大正藏》冊7，頁375；《丹珠爾》對勘本冊50，頁568。

177 **四無所畏** 相應段落玄奘大師譯《大般若波羅蜜多經》：「四無所畏者，若諸如來、應、正等覺，自稱我是正等覺者，設有沙門、若婆羅門、若天魔梵、若餘世間依法立難，或令憶念：『佛於是法非正等覺。』我於彼難正見無因，以於彼難正見無因，得安隱住無怖無畏，自稱我處大仙尊位，於大眾中正師子吼轉大梵輪，一切沙門、若婆羅門、若天魔梵、若餘世間，定無有能如法轉者，是第一無畏。若諸如來、應、正等覺，自稱我已永盡諸漏，設有沙門、若婆羅門、若天魔梵、若餘世間依法立難，或令憶念：『佛於是漏猶未永盡。』我於彼難正見無因，以於彼難正見無因，得安隱住無怖無畏，自稱我處大仙尊位，於大眾中正師子吼轉大梵輪，一切沙門、若婆羅門、若天魔梵、若餘世間，定無有能如法轉者，是第二無畏。若諸如

已證德圓滿而無所畏、承許自己能自主開示貪等障道法而無所畏，以及承許基智與道相智等為出離之道而無所畏。

四無礙解[178]是指：知異名的法無礙解、知一切自相共相的義無礙解、知一切語言種類的詞無礙解，以及知體性與行相類別的辯無礙解。

十八佛不共法[179]是指：六種不共行、六種不共證德、三種不

來、應、正等覺，自稱我為諸弟子眾說能障法染必為障，設有沙門、若婆羅門、若天魔梵、若餘世間依法立難，或令憶念：『有染是法不能為障。』我於彼難正見無因，以於彼難正見無因，得安隱住無怖無畏，自稱我處大仙尊位，於大眾中正師子吼轉大梵輪，一切沙門、若婆羅門、若天魔梵、若餘世間，定無有能如法轉者，是第三無畏。若諸如來、應、正等覺，自稱我為諸弟子眾說出離道，諸聖修習決定出離，決定通達，正盡眾苦，作苦邊際，設有沙門、若婆羅門、若天魔梵、若餘世間依法立難，或令憶念：『有修此道非正出離、非正通達、非正盡苦、非作苦邊。』我於彼難正見無因，以於彼難正見無因，得安隱住無怖無畏，自稱我處人仙尊位，於大眾中正師子吼轉大梵輪，一切沙門、若婆羅門、若天魔梵、若餘世間，定無有能如法轉者，是第四無畏。如是名為四無所畏。」見《大正藏》冊7，頁375；《丹珠爾》對勘本冊50，頁569。

178 **四無礙解** 相應段落玄奘大師譯《大般若波羅蜜多經》：「四無礙解者，謂義無礙解、法無礙解、詞無礙解、辯無礙解，如是名為四無礙解。」見《大正藏》冊7，頁376；《丹珠爾》對勘本冊50，頁572。

179 **十八佛不共法** 相應段落玄奘大師譯《大般若波羅蜜多經》：「十八佛不共法者，謂諸如來、應、正等覺，常無誤失，無卒暴音，無忘失念，無不定心，無種種想，無不擇捨，志欲無退，精進無退，憶念無退，般若無退，解脫無退，解脫智見無退，若智若見於過去世無著無礙，若智若見於現在世無著無礙，若智若見於未來世無著無礙，一切身業智為前導隨智而轉，一切語業智為前導隨智而轉，一切意業智為前導隨智而轉，是名十八佛不共法。」見《大正藏》冊7，頁376；《丹珠爾》

共事業、三種不共智。其中第一種是指：身無誤失、語無卒暴、意無失念、無不定心、意無異想與意無不擇捨六者。

第二種是指：志欲無退、精進無退、憶念無退、定無退、般若無退與解脫無退六者。

第三種是指：以四威儀調伏所化機的身事業、講說具法及具義之言論的語事業，以及慈心與悲心等等的意事業，這些皆以正智作為前導，隨智而轉，這三種行相為不共事業[198]。

第四種是指：無礙了知過去、未來與現在出現的一切法，此有三者[180]。共有十八種。

真如智相[181]是指佛陀的達如所有智、自然智相是指自主無餘轉動法輪的正智，以及正等覺智相是指無餘現證如所有與盡所有

對勘本冊50，頁572。

180 **此有三者** 關於此三者，玄奘大師譯《大般若波羅蜜多經》中作：「若智若見於過去世無著無礙，若智若見於現在世無著無礙，若智若見於未來世無著無礙。」見《大正藏》冊7，頁376；《丹珠爾》對勘本冊50，頁572。

181 **真如智相** 以下三種智相，玄奘大師譯《大般若波羅蜜多經》中作：「世尊！如是般若波羅蜜多是如來波羅蜜多。佛言：如是！能如實說一切法故。世尊！如是般若波羅蜜多是自然波羅蜜多。佛言：如是！於一切法自在轉故。世尊！如是般若波羅蜜多是正等覺波羅蜜多。佛言：如是！於一切法一切行相能現覺故。」其中真如智相於玄奘大師譯作如來波羅蜜多。見《大正藏》冊7，頁203；《丹珠爾》對勘本冊50，頁1247。

的一切相智。這便是三十九種不共的一切相智行相。

所以共有一百七十三種。

第二科、決疑：有人說：「承許『自己所隸屬的真實該種類是否為下位聖者所有，為共與不共的意涵』，這種說法並不合理，因為四無礙解雖然為下位聖者所有，但卻不是共通行相的緣故。第一個因成立，因為《經莊嚴論》中說[182]：『無礙解善心，此是善慧地』的緣故。」回答：「沒有過失，因為這是意指第九地時僅僅獲得隨順的四無礙解的緣故。」

---

182 **《經莊嚴論》中說**　《經莊嚴論》，唯識部論典，全名《大乘經莊嚴論》，又名《大乘莊嚴經論》、《莊嚴經論》，共21品，至尊慈氏著。漢譯本有唐波羅頗蜜多羅所譯《大乘莊嚴經論》24品；今人寶僧譯《大乘經莊嚴論寶鬘疏》所載的頌文，共二種。本論主要闡述唯識宗無外境之義，事物皆是依靠心而安立、存在，且承許依他起、圓成實是諦實成立，遍計所執是無諦實，並廣集大乘經典所說菩薩行的要義，是唯識宗根本教典之一。引文唐波羅頗蜜多羅所譯《大乘莊嚴經論》作：「四辯智力巧，說善稱善慧。」見《大正藏》冊31，頁659；《丹珠爾》對勘本冊70，頁887。

◈ 文末祈願與後跋

結頌云：

從能淨化覺慧的池塘中

生長出善說的花莖

心智明晰的蜂群們

應當到此盤旋飛舞[199]

不因春季佳節而綻放

也不隨皓月升空而閉合

卻能散發出教理的芬芳

這難道不是空前的千瓣妙蓮嗎？

我並未仗著驕傲與自滿

而是透過在智者面前研習的力量

何其有幸覓得這場善說盛筵

這實在奇妙無比！

　　這篇《真實詮說三智一百七十三行相之自性——善說白蓮蔓》[200]，是宣說正理的寶無畏王比丘，於札西奇大僧院[183]中所撰。

　　大慈恩·月光國際譯經院真如老師總監，如月格西授義，2023年2月2日，主譯譯師釋如法初稿譯訖。2023年5月16日，主校譯師釋性忠初校訖。於2023年6月4日，主譯譯師釋如法、主校譯師釋性忠、審義譯師釋性浩、參異譯師釋性說開始會校，至6月12日會校訖。眾校譯師妙音佛學院預一班、預科122、142、143班。初稿譯師張賢順。譯場行政釋性由、釋性回、釋性賀、釋性勇、妙音佛學院、丹增喀尊。譯場檀越大慈恩護持團隊闔家。

---

183 **札西奇大僧院**　即具德拉卜楞吉祥右旋寺（དཔལ་ལྡན་བྲ་ཤིས་འཁྱིལ），簡稱拉卜楞寺，位於甘肅省甘南藏族自治洲夏河縣。由第一世妙音笑大師創建於藏曆土牛年（1709）年，1711年藏曆三月正式動工興建聞思學院之大經堂。寺內共有六大札倉，聞思學院主要由十三個班級依次進修五部大論，下續部學院，儀軌均按拉薩下密院傳規進行；時輪學院為二世妙音笑大師所創立，主要修習《時輪》、《毘盧遮那如來》儀軌，亦學習曆算、繪製、塑像。醫藥學院，修誦《尊勝訶子廣論》、《阿閦九佛儀軌》等。喜金剛學院為四世妙音笑大師所創建，上續部學院，為五世妙音笑大師十三歲時創建。寺內尚有藏經閣、印經院、嘉木樣佛宮、貢唐大師宮邸、眾多殿塔與僧舍群。由歷代妙音笑大師、貢唐大師及各學院之歷任法臺維護住持，令宗喀巴大師教法由此遍及漢藏蒙各地，所屬子寺曾達108座之多。至今寺內教證圓融之高僧輩出，並仍保留舞蹈、繪畫、曆算、製像、醫學等傳統文化。參見《第一世嘉木樣尊者傳》頁155；《拉卜楞寺志》頁148（阿莽班智達著，瑪欽，諾悟更志，道周譯註，甘肅人民出版社，1997）；《東噶辭典》頁186。

附錄一

《妙音笑八事七十義》
校勘表

[１] **紹勝** 拉寺本作「熱勝」（རྒྱལ་ཚོ་བ），按上下文義推斷，應誤。

[２] **用少許的詞句** 果芒本原作「少許地用詞句」（ཅུང་ཟད་སམ་ཚིག་གིས），塔爾本作「用少許的詞句」（ཅུང་ཟད་འི་ཚིག་གིས），文義較通順，故改之。

[３] **化身** 拉寺本作「蛇身」（སྦྲུལ་སྐུ），按上下文義推斷，應誤。

[４] **從階段的角度** 果芒本原作「從階段角度」（གནས་སྐབས་སྒོས），塔爾本作「從階段的角度」（གནས་སྐབས་ཀྱི་སྒོ་ནས），文義較通順，故改之。

[５] **二種** 塔爾本無。

[６] **大乘道** 塔爾本作「大雷道」（ཐོག་ཆེན་གྱི་ལམ），按上下文義推斷，應誤。

[７] **劫** 果芒本原作「分離」（བསྐལ་བ），拉寺本、塔爾本作「劫」（བསྐལ་བ），按上下文義推斷，應以拉寺本、塔爾本為是，故改之。

[８] **依止佛陀或善知識者堪成為聽聞的法器** 塔爾本作「依止佛陀或善知識，而堪成為聽聞的法器」（སངས་རྒྱས་སམ་དགེ་བའི་བཤེས་གཉེན་བསྟེན་ནས་ཉན་པའི་སྣོད་དུ་རུང་བ）。

[９] **加行道、義現觀** 拉寺本作「加行道自利現觀」（སྦྱོར་ལམ་རང་དོན་མངོན་རྟོགས），按上下文義推斷，應誤。

［10］ **這三種** 塔爾本作「因為三種」（དེ། གསུམ），按上下文義推斷，應誤。

［11］ **中** 拉寺本作「皮繩」（འབྲེང），按上下文義推斷，應誤。

［12］ **所以** 塔爾本作「的」（པའི），按上下文義推斷，應誤。

［13］ **所依名種姓** 果芒本原作「知所依種姓」（འདུག་པའི་རྟེན་ལ་རིགས་ཤེས་ སུ），塔爾本作「所依名種姓」（འདུག་པའི་རྟེན་ལ་རིགས་ཞེས་སུ）。法尊 法師所譯《現觀莊嚴論》亦作「所依名種姓」。此二者於理皆 無誤，漢文依法尊法師原譯，藏文則保留底本用字，特此註 明。

［14］ **共有** 果芒本原無，今依塔爾本補入。

［15］ **的緣故** 拉寺本作「合宜的緣故」（བདེའི་ཕྱིར），按上下文義推 斷，應誤。

［16］ **所** 拉寺本作「意義」（དྲབ），按上下文義推斷，應誤。

［17］ **佛地** 拉寺本作「由於佛」（སངས་རྒྱས་ཀྱིས），按上下文義推 斷，應誤。

［18］ **第七** 拉寺本作「七」（བདུན），按上下文義推斷，應誤。

［19］ **鎧甲** 拉寺本作「衣服」（བགོ），按上下文義推斷，應誤。

［20］ **所作** 拉寺本作「意義」（དྲབ），按上下文義推斷，應誤。

［21］ **昇** 拉寺本作「拳」（འཛོག་པ），按上下文義推斷，應誤。

［22］ **第二科** 塔爾本無。

［23］ **趣入** 果芒本原無，今依塔爾本補入。

［24］ **勝解行** 塔爾本作「勝解行地」（མོས་སྤྱོད་ཀྱིས་）。

［25］ **說** 塔爾本作「抹去」（གཤུབ），按上下文義推斷，應誤。

［26］ **直接授與** 塔爾本作「直接布施」（དངོས་སུ་སྦྱིན་བ），按上下文義推斷，應誤。

［27］ **對治資糧** 塔爾本作「對治資糧共十七種」（གཉེན་པོའི་ཚོགས་ཀྱི་བར་བཅུ་བདུན）。

［28］ **於十地中** 拉寺本作「約束地」（ས་བཅུན），按上下文義推斷，應誤。

［29］ **所為及平等** 塔爾本作「所為平等性」（ཆེན་དུ་བྱ་བ་མཉམ་ཉིད་དང）。

［30］ **授與** 塔爾本作「出生」（འབྱུང་བ），拉寺本作「擦去」（འབྱིད་བ），按上下文義推斷，拉寺本應誤。

［31］ **可分為八種** 塔爾本作「分為八種」（དབྱེན་བརྒྱད་དེ）。

［32］ **存在於** 塔爾本作「只存在於」（ཁོ་ནར་ཡོད）。

［33］ **第二** 塔爾本無。

［34］ **道相智** 塔爾本作「道相智性」（ལམ་ཤེས་ཉིད）。

［35］ **現後有廣大勝利** 塔爾本作「因此具有廣大勝利」（དེའི་ཕྱིར་པན་ཡོན་ཆེ་བ），按上下文義推斷，應誤。

［36］ **支分** 拉寺本作「知分」（ཚ་ཤེས），按上下文義推斷，應誤。

［37］ **支分** 拉寺本作「知分」（ཚ་ཤེས），按上下文義推斷，應誤。

［38］ **障** 塔爾本作「魔」（བདུད་གས），按上下文義推斷，應誤。

［39］ **第三科** 塔爾本作「第三科、界限」（གསུམ་པ་ནི། ས་འཚམས）。

［40］ **分為** 拉寺本作「離間」（དབྱེན），按上下文義推斷，應誤。

［41］ **修** 拉寺本作「步」（གོམ），按上下文義推斷，應誤。

［42］ **三種** 拉寺本作「腹部」（གསུས），按上下文義推斷，應誤。

［43］ **第三科** 塔爾本作「第三科、界限」（གསུམ་པ་ནི། ས་འཚམས）。

［44］ **分的話** 拉寺本作「屁」（ཕྱེན），按上下文義推斷，應誤。

［45］ **供養** 塔爾本作「殊勝」（མཆོག），按上下文義推斷，應誤。

［46］ **不遭損害** 塔爾本作「損害的不損害」（གནོད་པའི་མི་རྗེ་བ），按上下文義推斷，應誤。

［47］ **修道作用** 塔爾本作「修道的作用」（སྒོམ་ལམ་གྱི་བྱེད་བ）。

［48］ **所攝的勝利** 塔爾本作「的略攝的勝利」（གྱི་བསྡུས་པའི་ཕན་ཡོན），按上下文義推斷，應誤。

［49］ **遠離** 拉寺本作「所需」（དབེན་བ），按上下文義推斷，應誤。

［50］ **諸佛隨許迴向修道** 塔爾本及拉寺本作「由諸佛隨許迴向修道」（སངས་རྒྱས་ཀྱིས་རྗེས་སུ་གནང་བའི་བསྔོ་བ་སྒོམ་ལམ）。

［51］ **第十** 拉寺本作「十」（བཅུ），按上下文義推斷，應誤。

［52］ **趣注** 塔爾本作「布施」（གཏོང་བ），按上下文義推斷，應誤。

［53］ **九** 拉寺本作「小我」（ང་གུ），按上下文義推斷，應誤。

［54］ **智不住諸有** 塔爾本作「不住智諸有」（ཤེས་པའི་སྲིད་ལ་མི་གནས

ཤིང་），按上下文義推斷，應誤。

[55] **故** 塔爾本作「之」（བའི），按上下文義推斷，應誤。

[56] **相** 拉寺本作「箋註」（མཆན），按上下文義推斷，應誤。

[57] **支分以及界限** 拉寺本作「開分界限」（དབྱེ་བས་མཚམས），按上
下文義推斷，應誤。

[58] **故為不思議** 塔爾本作「故次不思議」（དེ་ནས་བསམ་མི་ཁྱབ་པར་
འོང），按上下文義推斷，應誤。

[59] **分為** 拉寺本作「離間」（དབྱེན），按上下文義推斷，應誤。

[60] **如果未曾先行小乘的話** 塔爾本作「未曾先行小乘」（ཐེག་དམན་
སྔོན་སོང་མ་བྱས་པ）。

[61] **由善巧方便而鄰近的基智** 塔爾本作「善巧方便的鄰近的基
智」（ཐབས་ལ་མཁས་པའི་ཉེ་བའི་གཞི་ཤེས）。

[62] **由非方便而遙遠的基智** 塔爾本作「非方便的遙遠的基智」
（ཐབས་མ་ཡིན་པའི་རིང་བའི་གཞི་ཤེས）。

[63] **如經說** 塔爾本作「說所有」（ཇི་སྙེད་བཀོད་པ），按上下文義推
斷，應誤。

[64] **《大疏》中說** 塔爾本作「而《大疏》中說」（ཀྱ་འགྲེལ་ཆེན་ལས）。

[65] **因此開示彼為諸菩薩的不順品** 塔爾本作「的緣故，這是因為
開示是諸菩薩的不順品」（ཕྱིར་ཏེ། བྱང་ཆུབ་སེམས་དཔའ་རྣམས་ཀྱི་མི་མཐུན་
ཕྱོགས་ཡིན་པར་བསྟན་པ），按上下文義推斷，應誤。

［66］ **於色等** 塔爾本作「色等」（གཟུགས་སོགས）。

［67］ **耽著** 拉寺本作「如果說」（ཞེན），按上下文義推斷，應誤。

［68］ **文句** 塔爾本作「一」（ཅིག），按上下文義推斷，應誤。

［69］ **不執著由色** 果芒本原作「不以由色耽執」（གཟུགས་ཀྱིས་རྣམ་སུ་མི་
    ཞེད），塔爾本作「這是因為不作為色執著心」（དེ། གཟུགས་ཀྱི་རྣམ་
    སེམས་སུ་མི་ཞེད），按上下文義推斷，應作「不執著由色」（གཟུགས་
    ཀྱིས་རྣམ་སེམས་སུ་མི་ཞེད），故改之。

［70］ **而** 塔爾本作「如果」（ན）。

［71］ **漸次** 塔爾本作「邊際的」（མཐར་གྱི），按上下文義推斷，應誤。

［72］ **開分的話** 拉寺本作「離間」（དབྱེན），按上下文義推斷，應
    誤。

［73］ **決擇** 塔爾本作「彼析」（དེས་འབྱེད），按上下文義推斷，應
    誤。

［74］ **解說義相** 塔爾本作「梳理義相」（དོན་རྣམས་པ་གཏད་པ），按上下文
    義推斷，應誤。

［75］ **《心要莊嚴疏》和《金鬘論》** 果芒本原作「《心要莊嚴疏》、
    《金鬘論》」（རྣམ་བཤད་གསེར་འཕྲེང），塔爾本作「《心要莊嚴
    疏》和《金鬘論》」（རྣམ་བཤད་དང་གསེར་འཕྲེང），文義較通順，故
    改之。

［76］ **遮破** 果芒本原作「凍結」（དཀག་པ），拉寺本、塔爾本作「遮

破」（བཀག་པ），按上下文義推斷，應以拉寺本、塔爾本為是，故改之。

[77] **事之實性** 塔爾本作「四之實性」（བཞིའི་དེ་ཉིད），按上下文義推斷，應誤。

[78] **出離** 塔爾本作「溫和出現」（དེས་པར་འབྱུང་བ），按上下文義推斷，應誤。

[79] **無間** 果芒本原作「無間隔」（བར་མེད་པ），塔爾本作「無間」（བར་ཆད་མེད་པ），按上下文義推斷，應以塔爾本為是，故改之。

[80] **分別** 果芒本原作「證達」（རྟོགས་པ），塔爾本作「分別」（རྟོག་པ），按上下文義推斷，應以塔爾本為是，故改之。

[81] **可分為十四種** 塔爾本作「有十四種支分」（དབྱེ་བ་བཅུ་བཞི་ཡོད）。拉寺本作「有十四種離間」（དབྱེན་བཅུ་བཞི་ཡོད），按上下文義推斷，應誤。

[82] **蒙佛加持** 塔爾本作「佛加持的」（སངས་རྒྱས་ཀྱི་བྱིན་གྱིས་བརླབས་པའི），按上下文義推斷，應誤。

[83] **分** 拉寺本作「離間」（དབྱེན），按上下文義推斷，應誤。

[84] **退失因果相係屬** 塔爾本作「從殊勝乘而退失、退失因果相係屬」（ཐེག་པ་མཆོག་ལས་ཉམས་པ་དང༌། རྒྱུ་འབྲས་ཀྱི་འབྲེལ་བ་ཉམས་པ་དང），按上下文義推斷，應誤。

[85] **耽著文字** 塔爾本無。

［86］ **由於具不具足杜多功德而分離**　塔爾本作「具不具足杜多功德
的過失」（སྤྱངས་པའི་ཡོན་ཏན་ཕུན་མི་ཕུན་གྱི་ཉེ），按上下文義推斷，應
誤。

［87］ **由於有善法與有不善法而分離**　塔爾本作「有善法與有不善法
的過失」（དགེ་མི་དགེའི་ཆོས་ཅན་གྱི་ཉེ），按上下文義推斷，應誤。

［88］ **由於施捨與慳吝而分離**　塔爾本作「施捨與慳吝的過失」
（གཏོང་བ་དང་སེར་སྣའི་ཉེ），按上下文義推斷，應誤。

［89］ **由於供給與不受取而分離**　塔爾本作「供給與不受取的過失」
（སྦྱིན་བ་དང་མི་ལེན་པའི་ཉེ），按上下文義推斷，應誤。

［90］ **由於初說便悟與演義乃知而分離**　塔爾本作「初說便悟與演義
乃知的過失」（མགོ་སྨོས་པ་དང་དོན་སྒྲོ་བའི་གོ་བའི་ཉེ），按上下文義推斷，
應誤。

［91］ **由於了不了知契經等而分離**　塔爾本作「了不了知契經等的過
失」（མདོ་སོགས་ཤེས་མི་ཤེས་ཀྱི་ཉེ），按上下文義推斷，應誤。

［92］ **由於具不具足六度而分離**　塔爾本作「具不具足六度的過失」
（ཕྱིན་དྲུག་ཕུན་མི་ཕུན་གྱི་ཉེ），按上下文義推斷，應誤。

［93］ **不予以**　塔爾本作「不作」（མི་བྱེད་པ），按上下文義推斷，應誤。

［94］ **盜**　拉寺本作「衣服的邊緣」（ཚོན），按上下文義推斷，應誤。

［95］ **由何相**　塔爾本作「何之相」（གང་གི་མཚན），按上下文義推斷，
應誤。

［ 96 ］ **未圓滿的**　塔爾本作「圓滿所攝持的」（ རྫོགས་པས་ཟིན་པའི ）。

［ 97 ］ **斷**　拉寺本作「浸泡」（ སྦང ），按上下文義推斷，應誤。

［ 98 ］ **了知**　拉寺本作「師友」（ བཤེས་པ ），按上下文義推斷，應誤。

［ 99 ］ **了知有貪心等**　塔爾本作「有貪心等」（ སེམས་ཆགས་སོགས་དང་བཅས་ པ ），按上下文義推斷，應誤。

［100］ **見**　塔爾本作「如」（ ལྟར ），按上下文義推斷，應誤。

［101］ **空無相等隨一道相智智相**　拉寺本作「不了知空無相等的隨智 一相」（ སྟོང་ཉིད་མཚན་མེད་སོགས་ལ་མ་ཤེས་ཀྱི་ཤེས་པའི་རྣམ་པ་གང་ཡང་རུང་བ ），按 上下文義推斷，應誤。

［102］ **如來於自現法樂住等**　塔爾本作「如來自以現法樂住等」（ དེ་ བཞིན་གཤེགས་པ་ཉིད་ཀྱིས་མཐོང་ཆོས་ལ་བདེར་གནས་སོགས ）。

［103］ **一切相智加行正智性相**　果芒本原作「一切相智加行道相智加 行」（ རྣམ་མཁྱེན་སྦྱོར་བའི་ལམ་ཤེས་སྦྱོར་བ ），塔爾本作「一切相智加行正 智性相」（ རྣམ་མཁྱེན་སྦྱོར་བའི་ཤེས་མཚན ），按上下文義推斷，應以塔 爾本為是，故改之。

［104］ **彼依自法住**　果芒本原作「次依自法住」（ དེ་ནས་ཉིད་ཀྱི་ཆོས་བཟེན་ ནས ），塔爾本作「彼依自法住」（ དེ་ཉི་ཉིད་ཀྱི་ཆོས་བཟེན་ནས ），按上 下文義推斷，應以塔爾本為是，故改之。

［105］ **由難思等別**　塔爾本作「難思等別的」（ བསམ་མི་ཁྱབ་སོགས་ཁྱད་པར་ གྱི ），按上下文義推斷，應誤。

[106] **以不思議等作為差別** 塔爾本作「作為不思議差別」（བསམ་མི་ཁྱབ་སོགས་ཁྱད་པར་དུ་བྱས），按上下文義推斷，應誤。

[107] **計數** 拉寺本作「飽足」（འགྱང），按上下文義推斷，應誤。

[108] **劫** 果芒本原作「分隔」（བསྐལ་བ），塔爾本作「劫」（བསྐལ་བ），按上下文義推斷，應以塔爾本為是，故改之。

[109] **此** 塔爾本作「彼」（དེ）。

[110] **是菩薩加行具足成辦利他殊勝作用之加行的性相** 塔爾本作「這是菩薩加行具足成辦利他殊勝作用之加行的性相」（དེ། སེམས་དཔའི་སྦྱོར་བ་གཞན་དོན་སྒྲུབ་པའི་བྱེད་པ་ཁྱད་པར་ཅན་དང་ལྡན་པའི་སྦྱོར་བའི་མཚན་ཉིད）。

[111] **無有痛苦憂愁等的此生安樂** 塔爾本作「因無有痛苦憂愁等而此生的安樂」（ཕྱུག་བསྐྱལ་དང་ཡིད་མི་བདེ་བ་སོགས་མེད་པས་ཚེ་འདིའི་བདེ་བ）。

[112] **果位** 拉寺本作「後果位」（ཕྱི་འབྲས་ནུ），按上下文義推斷，應誤。

[113] **遠離** 拉寺本作「所需」（དབེན་པ），按上下文義推斷，應誤。

[114] **分** 拉寺本作「離間」（དབྱེན），按上下文義推斷，應誤。

[115] **因為** 塔爾本無。

[116] **以方便作為差別** 果芒本原作「作為方便的差別」（ཐབས་ཀྱི་ཁྱད་པར་དུ་བྱས་པ），塔爾本作「以方便作為差別」（ཐབས་ཀྱིས་ཁྱད་པར་དུ་བྱས་པ），按上下文義推斷，應以塔爾本為是，故改之。

[117] **斷** 塔爾本作「泡」（ཧྥང），按上下文義推斷，應誤。

[118] **未獲得見道** 拉寺本作「於見獲得乳母」（མཐོང་ལ་མ་མ་ཐོན），按上下文義推斷，應誤。

[119] **答** 塔爾本作「道」（ལམ），按上下文義推斷，應誤。

[120] **支分** 果芒本原作「分為」（དབྱེན），拉寺本、塔爾本作「支分」（དབྱེ་བ），按上下文義推斷，應以拉寺本、塔爾本為是，故改之。

[121] **加行** 拉寺本作「點燃」（སྦར་བ），按上下文義推斷，應誤。

[122] **清淨三地** 拉寺本作「因為三清淨」（དག་པས་གསུམ），按上下文義推斷，應誤。

[123] **分為** 拉寺本作「離間」（དབྱེན），按上下文義推斷，應誤。

[124] **盡** 塔爾本作「唯」（ཉིད），按上下文義推斷，應誤。

[125] **雖然如此，但** 塔爾本作「如果如此，也」（དེ་ལྟ་ནའང），按上下文義推斷，應誤。

[126] **轉趣及退還** 塔爾本作「從轉趣退還」（འཇུག་པ་དང་དེ་ལྡོག་པ་ལས），按上下文義推斷，應誤。

[127] **見斷** 塔爾本作「見泡」（མཐོང་སྦང），按上下文義推斷，應誤。

[128] **對治** 塔爾本作「四種對治」（གཉེན་པོ་བཞི）。

[129] **殊勝攝修三智** 塔爾本作「攝修三智達到殊勝」（མཉེན་གསུམ་བསྒོམས་སྐྱོལ་རབ）。

[130] **所攝持** 塔爾本作「所攝持，並且」（ཀྱིས་ཟིན་ཞིང་）。

[131] **品** 果芒本原作「凝結」（སྐྲ），拉寺本、塔爾本作「品」
（སྐོར），按上下文義推斷，應以拉寺本、塔爾本為是，故改
之。

[132] **只** 拉寺本作「坤」（ཁོན），按上下文義推斷，應誤。

[133] **從世俗的角度** 果芒本原作「從世俗角度」（ཀུན་རྫོབ་སྒོས），塔
爾本作「從世俗的角度」（ཀུན་རྫོབ་ཀྱི་སྒོས），文義較通順，故改
之。

[134] **行持的體性施等** 塔爾本作「行持的施等」（སྒྲུད་པའི་སྦྱིན་སོགས），
按上下文義推斷，應誤。

[135] **所修** 塔爾本作「修習」（སྒོམ་པ），按上下文義推斷，應誤。

[136] **修習應不合理有一** 果芒本原作「修習應不合理」（སྒོམ་པ་མི་
འཐད་པར་ཐལ་བ），塔爾本作「修習應不合理有一」（སྒོམ་པ་མི་འཐད་པར་
ཐལ་བ་གཅིག），文義較通順，故改之。

[137] **而分的話** 拉寺本作「離間」（དབྱེན），按上下文義推斷，應
誤。

[138] **間** 拉寺本作「版」（པར），按上下文義推斷，應誤。

[139] **施等** 拉寺本作「以施積聚」（སྦྱིན་པས་སོགས），按上下文義推
斷，應誤。

[140] **從其境的反體分而開示** 塔爾本作「開示其境的反法」（དེའི་

ཡུལ་གྱི་ལྡོག་ཆོས་བསྟན་པ）），按上下文義推斷，應誤。

[141]　**這是因為**　拉寺本無。

[142]　**是從八地**　拉寺本作「所以是從第八」（པས་བརྒྱད་པ），按上下文義推斷，應誤。

[143]　**《心要莊嚴疏》解說七地以下為非異熟**　果芒本原作「解說《心要莊嚴疏》的七地以下為非異熟」（རྣམ་བཤེས་ཀྱི་ས་བདུན་པ་མན་ཆད་རྣམ་པར་མ་སྨིན་པར་བཤད)，拉寺本作「《心要莊嚴疏》解說七地以下為非異熟」（རྣམ་བཤེས་ཀྱིས་བདུན་པ་མན་ཆད་རྣམ་པར་མ་སྨིན་པར་བཤད)，按上下文義推斷，應以拉寺本為是，故改之。

[144]　**間接**　拉寺本、塔爾本作「從間接」（ཤུགས་ལས），按上下文義推斷，應誤。

[145]　**所取**　拉寺本作「總持」（གཟུངས），按上下文義推斷，應誤。

[146]　**一時邊際剎那間**　塔爾本作「是一時邊際剎那，而」（དུས་མཐའི་སྐད་ཅིག་མ་གཅིག་ཡིན་ལ），按上下文義推斷，應誤。

[147]　**分為**　拉寺本作「離間」（དབྱེན），按上下文義推斷，應誤。

[148]　**化身**　拉寺本作「蛇身」（སྦྲུལ་སྐུ），按上下文義推斷，應誤。

[149]　**自性清淨**　拉寺本作「自性地清淨」（རང་བཞིན་གྱི་ས་དག་པ），按上下文義推斷，應誤。

[150]　**若乃至三有**　塔爾本作「乃至何三有」（གང་གི་སྲིད་པ་ཇི་སྲིད་པར），按上下文義推斷，應誤。

[151] **化身** 拉寺本作「蛇身」（སྒྲུལ་སྐུ），按上下文義推斷，應誤。

[152] **決定** 塔爾本作「溫和」（དེས་པ），按上下文義推斷，應誤。

[153] **報身所化之身** 塔爾本作「報身的化身」（ལོངས་སྤྱོད་སྤྲུལ་པའི་སྐུ）。

[154] **河流** 塔爾本作「河流的相續」（ཆུ་བོའི་རྒྱུན）。

[155] **時長** 塔爾本作「時斷」（ཡུན་ཆད），按上下文義推斷，應誤。

[156] **化身** 塔爾本作「蛇身」（སྒྲུལ་སྐུ），按上下文義推斷，應誤。

[157] **增上意樂的護地象** 拉寺本作「增上意樂守護」（ལྷག་བསམས་སྲུང），按上下文義推斷，應誤。

[158] **妙** 塔爾本作「馴服」（བཟད），按上下文義推斷，應誤。

[159] **資糧** 拉寺本作「篩」（ཚག），按上下文義推斷，應誤。

[160] **只安立於佛地** 拉寺本、甘肅本作「佛陀安立為唯」（སངས་རྒྱས་ཀྱིས་ཁོ་ནར་འཇོག），按上下文義推斷，應誤。

[161] **從所詮的角度分為十種** 拉寺本、甘肅本作「從所詮的角度可分為十種」（དཔྱེ་ན... བརྗོད་བྱའི་སྒོ་ནས་བཅུ་ཡོད）。

[162] **現觀** 各版本皆作「現觀」（མངོན་རྟོགས），然參照一世妙音笑大師所著之《八事七十義》，應作「義現觀」（དོན་མངོན་རྟོགས）故此處疑為闕文。

[163] **遮除** 拉寺本、甘肅本作「阻」（འགག），按上下文義推斷，應誤。

[164] **現觀** 果芒本原作「現前分別」（མངོན་རྟོག），拉寺本、甘肅本

作「現觀」（མངོན་རྟོགས），按上下文義推斷，應以拉寺本、甘肅本為是，故改之。

[165] **無** 拉寺本作「真實」（མད），按上下文義推斷，應誤。

[166] **基智** 拉寺本、甘肅本作「小乘基智」（ཐེག་དམན་གྱི་གཞི་ཤེས）。

[167] **至未獲得見道之間** 甘肅本作「獲得見道之間」（མཐོང་ལམ་ཐོབ་པའི་བར་དུ），按上下文義推斷，應誤。

[168] **實質異不成立** 果芒本原作「實質異成立」（རྫས་ཐ་དད་དུ་གྲུབ་པ），拉寺本、甘肅本作「實質異不成立」（རྫས་ཐ་དད་དུ་མ་གྲུབ་པ），按上下文義推斷，應以拉寺本、甘肅本為是，故改之。

[169] **化身** 拉寺本作「蛇身」（སྒྱུ་སྐུ），按上下文義推斷，應誤。

[170] **化身** 拉寺本作「蛇身」（སྒྱུ་སྐུ），按上下文義推斷，應誤。

[171] **劣慧凡夫順易地趣入** 果芒本原作「劣慧凡夫的順易趣入」（བློ་དམན་བྱེས་པའི་བདེ་བླག་འཇུག），拉寺本、甘肅本作「劣慧凡夫順易地趣入」（བློ་དམན་བྱེས་པ་བདེ་བླག་འཇུག），按上下文義推斷，應以拉寺本、甘肅本為是，故改之。

[172] **在此分為三科** 拉寺本、甘肅本作「在此有三科」（འདི་ལ་གསུམ）。

[173] **佛道** 拉寺本、甘肅本作「佛陀自道」（སངས་རྒྱས་ཉིད་ཀྱི་ལམ）。

[174] **「無有」即是由字面顯示義相** 果芒本原作「『無有』中的義相」（མ་མཆིས་པ་ཞེས་པའི་དོན་རྣམ），拉寺本、甘肅本作「『無有』即是由字面顯示義相」（མ་མཆིས་པ་ཞེས་པས་དོན་རྣམ），按上下文義推

斷，應以拉寺本、甘肅本為是，故改之。

[175] **虛空** 甘肅本作「行相天空」（རྣམ་མཁའ），按上下文義推斷，應誤。

[176] **相** 拉寺本作「何時」（ནམ），按上下義推斷，應誤。

[177] **沒有「虛空自性的常法體性」** 拉寺本、甘肅本作「於『虛空自性的常法體性』上不存在」（ནམ་མཁའི་རང་བཞིན་གྱི་རྟག་པའི་ངོ་བོར་མེད）。

[178] **論典收攝的道理** 果芒本原作「論典的收攝的道理」（བསྟན་བཅོས་ཀྱི་བསྡུས་ཚུལ）拉寺本、甘肅本作「論典收攝的道理」（བསྟན་བཅོས་ཀྱིས་བསྡུས་ཚུལ），按上下文義推斷，應以拉寺本、甘肅本為是，故改之。

[179] **之間的四偈則詳盡地闡述** 果芒本原作「因由這之間四偈詳盡地闡述」（ཅེས་པའི་བར་གྱིས་ཤོ་ལོ་ཀ་བཞིས་རྒྱས་པར་བཤད་དོ），拉寺本、甘肅本作「之間的四偈詳盡地闡述」（ཅེས་པའི་བར་གྱི་ཤོ་ལོ་ཀ་བཞིས་རྒྱས་པར་བཤད་དོ），按上下文義推斷，應以拉寺本、甘肅本為是，故改之。

[180] **父子** 拉寺本、甘肅本作「父子們」（ཡབ་སྲས་རྣམས）。

[181] **遍是行相** 果芒本原作「是行相的周遍」（རྣམ་པ་ཡིན་པའི་ཁྱབ），拉寺本、甘肅本作「遍是行相」（རྣམ་པ་ཡིན་པས་ཁྱབ），按上下文義推斷，應以拉寺本、甘肅本為是，故改之。

[182] **證達** 果芒本原作「分別」（རྟོག་པ），拉寺本、甘肅本作「證

達」（ཐོགས་པ），按上下文義推斷，應以拉寺本、甘肅本為是，故改之。

[183] **作** 拉寺本作「臉」（བྱད），按上下文義推斷，應誤。

[184] **三十七與三十四種共通行相，在七地以下雖然無法如其性相而生起** 甘肅本作「三十七與三十四到七種共通行相以下，雖然無法如其性相而生起」（ཕྱིན་མོང་གི་རྣམ་པ་སུམ་ཅུ་རྩ་བདུན་དང་སུམ་ཅུ་རྩ་བཞི་ནས་བདུན་པ་མན་ཆད་དུ་མཚན་ཉིད་རྗེ་ལྟར་བཞིན་དུ་མི་སྐྱེ），按上下文義推斷，應誤。

[185] **「道中說十五」** 果芒本原作「道中者說十五」（ལམ་ལ་ནི་ཉིད་（ནི）བཅོ་ལྔར་བཤད），拉寺本、塔爾本作「道中說十五」（ལམ་ལ་ནི་ཉིད་བཅོ་ལྔར་བཤད），《丹珠爾》對勘本之《現觀莊嚴論》原文亦作「道中說十五」（ལམ་ལ་ནི་ཉིད་བཅོ་ལྔར་བཤད），故改之。

[186] **色** 果芒本原作「觀」（གཟིགས），拉寺本、甘肅本作「色」（གཟུགས），按上下文義推斷，應以拉寺本、甘肅本為是，故改之。

[187] **在已經獲得證德時沒有執著為外境的分別心耽著境，以及獲得證德後沒有外境成立的退失** 甘肅本作「在已經獲得證德時，沒有外境成立的退失」（རྟོགས་པ་ཐོབ་ཟིན་ལ་ཕྱི་རོལ་དོན་དུ་གྲུབ་པའི་ཉམས་པ་མེད་པ་ནི），按上下文義推斷，應誤。

[188] **煩惱障的對治** 果芒本原作「為煩惱障的對治」（ཉོན་སྒྲིབ་ཀྱི་གཉེན་པོར），拉寺本、甘肅本作「煩惱障的對治」（ཉོན་སྒྲིབ་ཀྱི་གཉེན་པོ），

按上下文義推斷，應以拉寺本、甘肅本為是，故改之。

[189] **粗分** 果芒本原作「獲得」（རག་པ），甘肅本作「粗分」（རགས་པ），按上下文義推斷，應以甘肅本為是，故改之。

[190] **煩惱障容易斷除，所以唯獨安立無漏** 果芒本原作「唯獨安立容易斷除煩惱的無漏」（ཉོན་སྒྲིབ་སྤོང་སླ་བའི་ཟག་མེད་ག་ཅིག་ཏུ་བཞག་གོ），拉寺本、甘肅本作「煩惱障容易斷除，所以唯獨安立無漏」（ཉོན་སྒྲིབ་སྤོང་སླ་བའི་ཕྱིར་ཟག་མེད་གཅིག་ཏུ་བཞག་གོ），按上下文義推斷，應以拉寺本、甘肅本為是，故改之。

[191] **滅中如次第** 甘肅本作「如滅之次第」（འགོག་པ་ཡི་ནི་གོ་རིམ་བཞིན），按上下文義推斷，應誤。

[192] **說彼有八七** 果芒本原作「說彼八七中」（དེ་དག་བརྒྱད་དང་བདུན་དུ་ནེ），拉寺本、甘肅本作「說彼有八七」（དེ་དག་བརྒྱད་དང་བདུན་དང་ནེ），《丹珠爾》對勘本之《現觀莊嚴論》原文亦作「說彼有八七」（དེ་དག་བརྒྱད་དང་བདུན་དང་ནེ），按上下文義推斷，應以拉寺本、甘肅本為是，故改之。

[193] **獨立** 甘肅本作「單獨」（ཅིང），按上下文義推斷，應誤。

[194] **證達** 果芒本原作「分別」（རྟོག་པ），甘肅本作「證達」（རྟོགས་པ），按上下文義推斷，應以甘肅本為是，故改之。

[195] **喜** 果芒本、拉寺本、甘肅本皆無，然七等覺支中應當有喜覺支，參照佛陀教育基金會出版之版本中亦有，故依此版補之。

[196] **布施** 甘肅本作「膠」（སྦྱིན），按上下文義推斷，應誤。

[197] **承許** 拉寺本作「具有容顏」（ངམ་བཅས་པ་ལ），按上下文義推斷，應誤。

[198] **這三種行相為不共事業** 甘肅本作「這三種的行相為不共事業」（རྣམ་པ་གསུམ་གྱི་ནི་འཕྲིན་ལས་གཞན་དང་མ་འདྲེས་པའོ）。

[199] **盤旋飛舞** 甘肅本作「向上飛舞」（འཕུར་ལྡིང་གར་གྱི་རོལ་བར་གྱིས）。

[200] **這篇《真實詮說三智一百七十三行相之自性——善說白蓮蔓》**
甘肅本作「《真實詮說三智一百七十三行相之自性——善說白蓮蔓》的這篇」（མཁྱེན་གསུམ་གྱི་རྣམ་པ་བརྒྱ་དང་དོན་གསུམ་གྱི་རང་བཞིན་ཡང་དག་པར་བརྗོད་པ་ལེགས་བཤད་པདྨ་དཀར་པོའི་འཕྲེང་ཞེས་བྱ་བའི་འདི་ནི）。

附錄二

大慈恩譯經基金會簡介
與榮董名單

AMRITA TRANSLATION FOUNDATION

創設緣起

　　真如老師為弘揚清淨傳承教法，匯聚僧團中修學五部大論法要之僧人，於 2013 年底成立「月光國際譯經院」，參照古代漢、藏兩地之譯場，因應現況，制定譯場制度，對藏傳佛典進行全面性的漢譯與校註。

　　譯經院經過數年的運行，陸續翻譯出版道次第及五部大論相關譯著。同時也收集了大量漢、藏、梵文語系實體經典以及檔案，以資譯經。2018 年，真如老師宣布籌備譯經基金會，以贊助僧伽教育、譯師培訓、接續傳承、譯場運作、典藏經像、經典推廣。

　　2019 年，於加拿大正式成立非營利組織，命名為「大慈恩譯經基金會」，一以表志隨踵大慈恩三藏玄奘大師譯經之遺業；一以上日下常老和尚之藏文法名為大慈，基金會以大慈恩為名，永銘今後一切譯經事業，皆源自老和尚大慈之恩。英文名稱為「AMRITA TRANSLATION FOUNDATION」，意為不死甘露譯經基金會，以表佛語釋論等經典，是療吾等一切眾生生死重病的甘露妙藥。本會一切僧俗，將以種種轉譯的方式令諸眾生同沾甘露，以此作為永恆的使命。

　　就是現在，您與我們因緣際會。我們相信，您將與我們把臂共行，一同走向這段美妙的譯師之旅！

大慈恩譯經基金會官網網站：https://www.amrtf.org/

AMRITA
TRANSLATION FOUNDATION

創始榮董名單

真如老師 楊哲優闔家 蕭丞莛 王名誼 釋如法 賴春長 江秀琴 張燈技
李麗雲 鄭鳳珠 鄭周 江合原 GWBI 蔡鴻儒 朱延均闔家 朱崴國際 康義輝
釋徹浩 釋如旭 陳悌錦 盧淑惠 陳麗瑛 劉美爵 邱國清 李月珠 劉鈴珠
楊林金寶 楊雪芬 施玉鈴 吳芬霞 徐金水 福泉資產管理顧問 王麒銘
王藝臻 王嘉賓 王建誠 陳秀仁 李榮芳 陳侯君 盧嬿竹 陳麗雲 張金平
楊炳南 宋淑雅 王淑均 陳玫圭 蔡欣儒 林素鐶 鄭芬芳 陳弘昌闔家 黃致文
蘇淑慧 魏榮展 何克澧 崔德霞 黃錦霞 楊淑涼 賴秋進 陳美貞 蕭仲凱
黃芷芸 陳劉鳳 楊耀陳 沈揚 曾月慧 吳紫蔚 張育銘 蘇國棟 闕月雲 蘇秀婷
劉素音 李凌娟 陶汶 周陳柳 林崑山閣家 韓麗鳳 蔡瑞鳳 陳銀雪 張秀雲
游陳溪闔家 蘇秀文 羅云彤 余順興 Huang,Yu Chi闔家 林美伶 廖美子闔家
林珍珍 蕭陳麗宏 邱素敏 李翊民 李季翰 水陸法會弟子 朱善本 顏明霞
闔家 劉珈含闔家 蔡少華 李賽雲闔家 張航語闔家 詹益忠闔家 姚欣耿闔家
羅劍平闔家 李東明 釋性修 釋性祈 釋法謹 吳宜軒 陳美華 林郭喬鈴
洪麗玉 吳嬌娥 陳維金 陳秋惠 翁靖賀 邱重銘 李承慧 蕭誠佑 蔣岳樺
包雅軍 陳姿佑 陳宣廷 蕭麗芳 周麗芳 詹尤莉 陳淑媛 李永智 程莉闔家
蘇玉杰闔家 孫文利闔家 巴勇闔家 程紅林闔家 黃榕闔家 劉予非闔家
章昶 王成靜 丁欽闔家 洪燕君 崔品寬闔家 鄭榆莉 彭卓 德鳴闔家 周圓海
鄒靜 劉紅君 潘竑 翁梅玉闔家 慧妙闔家 蔡金鑫闔家 慧祥闔家 駱國海
王文添闔家 翁春蘭 林廷諭 黃允聰 羅陳碧雪 黃水圳 黃裕民 羅兆鈐
黃彥傑 俞秋梅 黃美娥 蘇博聖 練雪溱 高麗玲 彭劉帶妹 彭鈺茹 吳松柏

創始榮董名單

彭金蘭 吳海勇 陳瑞秀 傅卓祥 王鵬翔 張曜梄闔家 鄧恩潮 蔡榮瑞 蔡佩君
陳碧鳳 吳曜宗 陳耀輝 李銘洲 鄭天爵 鄭充閆 吳海勇 鐘俊益 邱秋俐
鄭淑文 黃彥傑闔家 任碧玉 任碧霞 廖紫岑 唐松章 陳贊鴻 張秋燕張火德
闔家 釋清達 華月琴 鄭金指 鉦盛國際公司 林丕燦張德義闔家 高麗玲闔家
嚴淑華闔家 郭甜闔家 賴春長闔家 馮精華闔家 簡李選闔家 黃麗卿闔家
劉美宏闔家 鄭志峯闔家 紀素華 紀素玲 潘頻余潘錫謀闔家 莊鎮光 鍾淳淵
闔家 林碧惠闔家 陳依涵 黃芷芸 蔡淑筠 陳吳月香陳伯榮 褚麗鳳 釋性覽
釋法邦 林春發 張健均 吳秀榙 葉坤土闔家 釋法將林立茉闔家 黃美燕
黃俊傑闔家 陳麗瑛 張俊梧楊淑伶 吳芬霞 邱金鳳 邱碧雲闔家 詹明雅
陳奕君 翁春蘭 舒子正 李玉瑩 楊淑瑜 張陳芳梅 徐不愛闔家 林江桂
簡素雲闔家 花春雄闔家 陳財發王潘香闔家 鍾瑞月 謝錫祺張桂香闔家
李回源 沈佛生薛佩璋闔家 地涌景觀團隊 張景男闔家 李麗雲 張阿幼
古賴義裕闔家 蘇新任廖明科闔家 鍾乙彤闔家張克勤 羅麗鴻 唐蜀蓉闔家
蔡明亨闔家 陳卉羚 楊智瑤闔家 林茂榮闔家 艾美廚衛有限公司 郭聰田
曾炎州 林猪闔家 張幸敏闔家 呂素惠闔家 林登財 李明珠 釋清暢歐又中
闔家 李文雄闔家 吳信孝闔家 何庚燁 任玉明 游秀錦闔家 陳曉輝闔家
楊任徵闔家 洪桂枝 福智台南分苑 張修晟 陳仲全陳玉珠闔家 黃霓華闔家
釋聞矚劉定凱闔家 林淑美 陳清木張桂珠 張相平闔家 潘榮進闔家 立長
企業有限公司 李明霞闔家 林翠平闔家 張米闔家 林祚雄 陳懷谷闔家
曾毓芬 陳昌裕闔家 釋清慈闔家 楊勝次闔家 楊貴枝蕭毅闔家

2022-2025 年榮董名單

2023-2024

王昭變闔家　詹蕙君　付慈平　彰化15宗07班　妙群闔家　曾順隆闔家
羅惠玲闔家　俊良美純秀英闔家　釋聞王　釋聞浩　莊郁琳李國寶闔家
劉秀玉　邱家福　釋性呂王志銘闔家　粘友善黃招治闔家　鄭惠鶯　釋性利
林淑敏　孫濤　張麗榮闔家　林忠義闔家　李逢時林秋香闔家　李慶財闔家
蔣瑜闔家　李建彤　陳怡君闔家　釋超怙及增上班　釋清燈徐鄭秀鳳　釋性求
顏國宏闔家　盧明煌　盧陳幼　侯美賢林秀蓮闔家　李彩蓮闔家　釋清翰
李春郎闔家　鄭伯達　鄭蔡佳珠　管素瑜闔家　林藝帆闔家　李翊綺闔家
黃登洲闔家　莊浚楓闔家　利駿貿易有限公司　翁燕如闔家　張語彤闔家
龍寶建設股份有限公司　李志峰闔家　鄧雅如闔家　林繡錦闔家　謝錦敏
闔家　朱晉熙闔家　李春田闔家　劉嘉蘭闔家　花春雄闔家　蔡明興闔家
郭文隆闔家　楊鴻鵬闔家　高美蘭闔家　林家誼闔家　楊惠玫闔家　陳靜慧
闔家　唐廷照闔家　陳福臺闔家　陳武華闔家　陳志聲闔家　吳春山闔家
謝麟兒闔家　林正雄闔家　陳三奇闔家

2024-2025

黃顯珺　王彬彬　鍾圭郎　鍾文挺　廣翼班　陳金綢闔家　黃長彥邱變
黃麗美　陳素意　梁意玉闔家　蘇淯蓉闔家　楊振元　黃嶺闔家福慧圓滿
林猷民闔家　李深才　陳芳咪　朱冠宗闔家　楊淑淇　張永平闔家　陳金選
吳惠美闔家　宋清泉闔家　吳惠鶯闔家　莊黃尋　杜祖翰闔家　林美蘭
楊秀錦　吳新吉　劉素媛　黃慈賢黃嘉財闔家　王惠玉　吳婉焱闔家　吳峯源
闔家　釋性亨　黃金美闔家　曾碧娟　林裕總　劉杰昑　宋嬌娥　洪碩伯
李彩鳳　蔣樂三　張國基張育誌闔家　施麗興闔家　劉明桐闔家　陳李清秀
陳淑慧　林欽榮闔家　楊誠理劉菁菁　吳美奇　林本源　陳麗光　王金川
王蕾綺　王恩泉　李舜基　張明良王碧月闔家　賴素靜狄景力闔家　蔡麗美
闔家　張如茵闔家　張吉雯闔家

國家圖書館出版品預行編目 (CIP) 資料

妙音笑八事七十義 / 妙音笑.語王精進大師, 妙
音笑.寶無畏王大師造論. -- 初版. -- 臺北市：
福智文化股份有限公司, 2024.01
　　面；　公分
　ISBN 978-626-97627-6-7 (平裝)

　1. CST: 大乘釋經論

222.22　　　　　　　　　　　　112019870

 妙音笑八事七十義

造　　　論	妙音笑‧語王精進大師、妙音笑‧寶無畏王大師
總　　　監	真　如
授　　　義	如月格西
主　　　譯	釋如法
主　　　校	釋性忠

責 任 編 輯	朱以彤
文 字 校 對	王淑均、沈平川、黃瑞美
美 術 設 計	張福海
排　　　版	華漢電腦排版有限公司
印　　　刷	上海印刷廠股份有限公司

出 版 者	福智文化股份有限公司
地　　　址	105407 台北市松山區八德路三段 212 號 9 樓
電　　　話	(02) 2577-0637
客服 Email	serve@bwpublish.com
官 方 網 站	https://www.bwpublish.com/
FB 粉絲專頁	https://www.facebook.com/BWpublish/

總 經 銷	時報文化出版企業股份有限公司
地　　　址	333019 桃園市龜山區萬壽路二段 351 號
電　　　話	(02) 2306-6600

出 版 日 期	2024 年 4 月　初版四刷
定　　　價	新台幣 360 元
I　S　B　N	978-626-97627-6-7

※ 如有缺頁、破損、倒裝，請聯繫客服信箱或寄回本公司更換

本書所得用以支持經典譯註及佛法弘揚